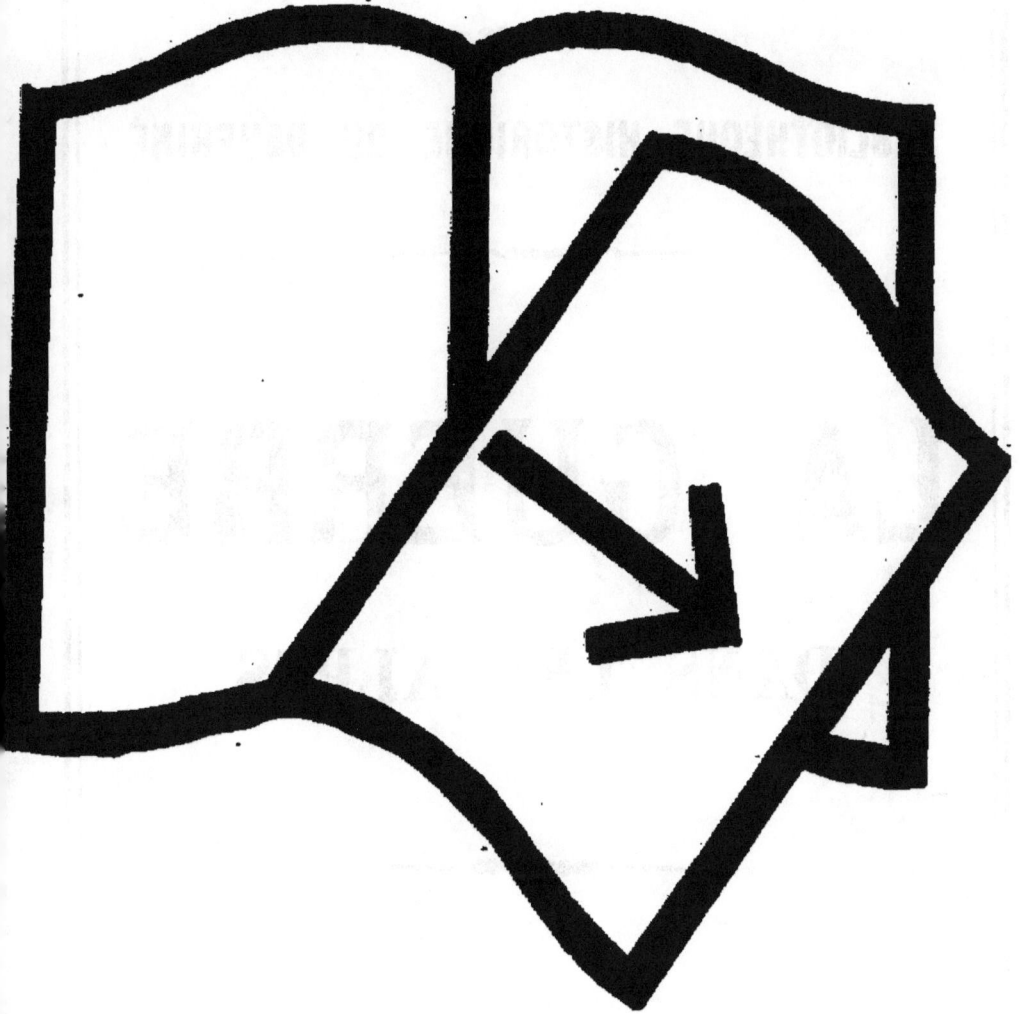

Couverture inférieure manquante

Dr A. CHABRAND

BIBLIOTHÈQUE HISTORIQUE DU DAUPHINÉ

LA GUERRE

DANS LES ALPES

GRENOBLE

Xavier **DREVET**, éditeur

LIBRAIRE DE L'ACADÉMIE

14, rue Lafayette, 14

Succursale à Uriage-les-Bains

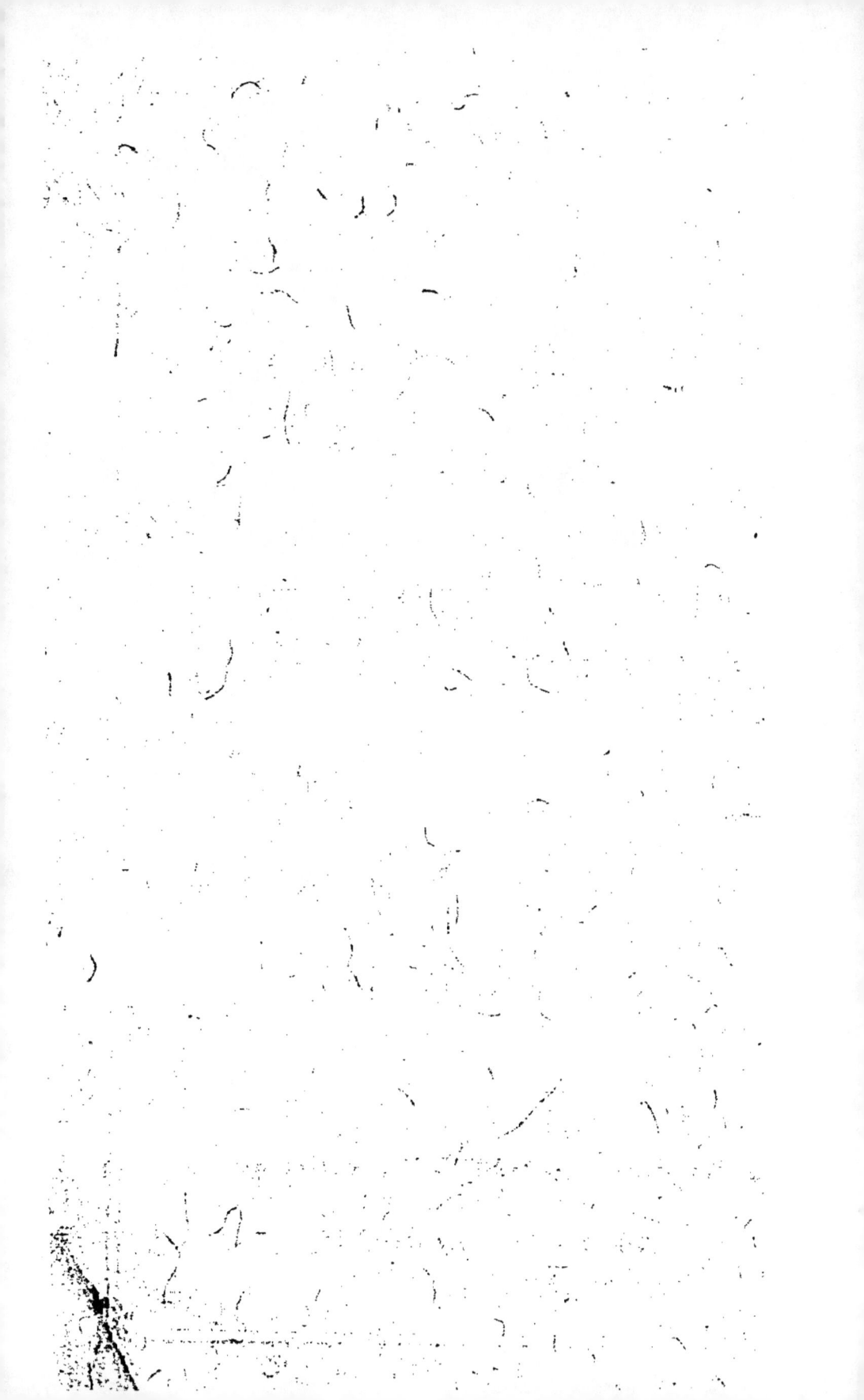

LA GUERRE

DANS LES ALPES

Dr A. CHABRAND

BIBLIOTHÈQUE HISTORIQUE DU DAUPHINÉ

LA GUERRE

DANS LES ALPES

GRENOBLE

Xavier DREVET, éditeur

LIBRAIRE DE L'ACADÉMIE

14, rue Lafayette, 14

Succursale à Uriage-les-Bains

Extrait du Journal Le Dauphiné.

Grenoble. — Imprimerie V° Rigaudin.

PASSAGES DE TROUPES

RÉQUISITIONS ET CONTRIBUTIONS DE GUERRE.

Nous aurions mauvaise grâce, aujourd'hui, de trouver trop lourdes les charges occasionnées par les passages de troupes et les logements militaires. Ces charges, en effet, doivent nous paraître bien légères, si nous les comparons à celles qui pesaient autrefois sur les populations, et spécialement sur celles des pays frontières, tels que le Briançonnais.

Autrefois, en recevant l'avis que des troupes plus ou moins nombreuses traverseraient une contrée, les Consuls des communautés recevaient, en même temps, l'ordre de faire les avances nécessaires et d'acheter toutes les subsistances : pain, vin, viande, fourrages, etc., pour *garnir* l'étape.

Les lieux d'étape ne pouvant suffire à tout, obtenaient des *aides*, c'est-à-dire que d'autres communautés, d'autres villages étaient désignés par l'autorité pour contribuer, à proportion de leurs feux, à la fourniture de ces subsistances, soit en nature, soit en argent. Ordinairement, les communautés étaient obligées d'emprunter pour faire ces avances, et ne pouvaient rentrer dans leurs fonds qu'au bout de plusieurs années, avec des difficultés sans nombre. C'était pour ces communautés une véritable cause de ruine.

A cette époque, la force brutale présidait seule aux exigences des autorités militaires, et les troupes se conduisaient souvent, dans leur propre pays, comme dans un pays conquis. Les populations se trouvaient exposées à toutes les vexations, à toutes les violences d'une soldatesque sans frein, que les officiers ne pouvaient ou ne voulaient pas contenir.

Aussi, pour s'exonérer des dépenses et des vexations de l'étape, les communautés avaient-elles recours aux prières, aux sollicitations, aux présents de toute sorte, vis-à-vis des personnes influentes, capables de les servir.

Les guerres des XVIe, XVIIe et XVIIIe siècles écrasèrent les populations briançonnaises sous le poids des réquisitions, des contributions de guerre et des tailles. Pour payer les frais d'étape et de garnison, les communautés se virent souvent dans la nécessité de recourir à des emprunts ruineux.

Depuis 1494, époque où Charles VIII franchit le Mont-Genèvre pour aller à la conquête du royaume de Naples (1), jusqu'en 1815, le Briançonnais fut presque

---

(1) Le 1er septembre, « le roy alla coucher à Briançon, où il fut moult honorablement reçu de tous les estats dudict pays, c'est à savoir l'église, noblesse et labeur, et fut le roy logé hors de la ville, en une des belles maisons et hostelleries de France » (*Hystoire de la conqueste de Naples*, publiée par M. Gonon; Lyon, 1842.

incessamment traversé ou occupé par les armées françaises qui entraient en Italie ou qui en revenaient. L'histoire de ce pays, pendant cette longue période, se trouve pour ainsi dire résumée dans les délibérations des conseils municipaux, concluant à lever des subsides, à contracter des emprunts pour pourvoir à la subsistance des troupes ; ou bien à nommer des députés pour aller à Grenoble solliciter auprès du Gouverneur ou de l'Intendant, par l'intermédiaire de quelques amis, la diminution de leurs charges ou l'exemption de l'étape. Les preuves nombreuses que nous allons en donner sont puisées dans les délibérations de la communauté de Briançon ou dans celles des *Escartons* (1).

Mais avant d'aller plus loin, nous croyons nécessaire d'expliquer brièvement ce que signifie le mot *Escarton* qui se rencontre, à chaque page, dans les délibérations des assemblées municipales du Briançonnais.

Le Briançonnais avait, depuis le moyen-âge, peut-être même depuis l'invasion des Romains dans les Gaules, une organisation particulière qu'on ne retrouvait dans aucune autre partie du Dauphiné. Jusqu'en 1713, il se composait de cinquante et une communautés ; chacune avait son administration autonome et indépendante, pour tout ce qui avait rapport à ses affaires particulières.

Ces communautés s'étaient unies ou liguées entre elles par groupes, et formaient cinq confédérations, connues sous le nom d'*Escartons*. Ces cinq petits Escartons étaient encore unis entre eux par des liens fédératifs et composaient le *grand Escarton*, compre-

(1) Archiv. municip. de Briançon.

nant les cinquante et une communautés du Bailliage.

L'Escarton de *Briançon* avait douze communautés ; celui d'*Oulx* vingt et une ; celui de *Valcluson ou Pragela* sept ; celui du *Queyras* sept, et celui de *Château-Dauphin* quatre.

Conformément aux transactions intervenues, en 1343, entre le dauphin Humbert II et les populations du Briançonnais, les Escartons ainsi que les communautés avaient le droit de s'assembler sans autorisation pour nommer leurs officiers municipaux et délibérer sur leurs affaires, de lever des contributions en hommes et en argent sur leurs habitants; de régler tout ce qui était relatif au support des charges. On appelait *Escartonnement* la répartition des contributions et des charges générales entre les communautés. La quote-part de chacune s'appelait *Escart*, d'où le nom d'Escarton qui s'appliquait à la fois à la circonscription territoriale, à l'union des communautés et aux assemblées formées des députés de ces diverses communautés.

Le grand Escarton se réunissait ordinairement deux fois par an, à Briançon, pour régler les intérêts des petits Escartons qui, eux aussi, avaient leurs assemblées particulières. L'assemblée du grand Escarton se composait des députés que chaque petit Escarton envoyait pour se faire représenter. Le premier Consul de Briançon convoquait et présidait, de droit, cette assemblée.

Le Briançonnais formait donc anciennement une espèce de République fédérative, et avait ce que nous appelons, aujourd'hui, des Conseils cantonaux et un Conseil d'arrondissement qui étaient complètement libres et indépendants.

Voyons maintenant, en dépouillant ses archives, combien ce malheureux pays a souffert pendant plus de trois siècles, par le passage des gens de guerre dont il a eu à subir les violences et les déprédations.

Au XVIᵉ siècle, pendant les guerres d'Italie, les comptes de l'Escarton se font remarquer par les dépenses continuelles qu'imposent aux communautés les passages de troupes. Dans les comptes de 1555, époque où le maréchal de Brissac, gouverneur du Piémont, soutenait une lutte acharnée contre le duc d'Albe, figurent les sommes payées :

1º Aux Consuls du Monêtier, pour cinq compagnies de gens de pied qui ont passé les monts au mois d'avril, de mai et d'août ;

2º Aux Consuls du Mont-Genèvre « pour vacations à ramasser gens de guerre et leurs hardes, et aider à monter la poudre et charrettes, et la garde de nuit ; »

3º Aux Consuls de La Salle « pour soldats pauvres, passant et repassant, pour messagers, fruits gâtés et emportés ; »

4º Aux Consuls de Saint-Martin-de-Queyrières « pour pauvres soldats, messagers, etc.; »

5º A Jacques Colomban, du Villard-Saint-Pancrace, « pour vacation de mulets et conducteurs jusqu'à Savines, portant coffres de la Cᵉ de M. d'Aumale (1) ; »

6º A Jean et Jacques Colomban « pour vin que les lansquenets leur ont pris l'année passée, dans leur cave de Briançon. »

A partir de 1560, commencèrent les guerres de re-

---

(1) François de Guise, duc d'Aumale, nommé gouverneur du Dauphiné, en 1547. Il était entré en Italie avec 10,000 fantassins, 500 lances et 600 chevau-légers.

ligion qui durèrent jusqu'à la publication de l'édit de Nantes, en 1598. Pendant cette période de près de quarante ans, le Briançonnais fut encore écrasé par le passage et le séjour presque continuels des compagnies du pays ou des troupes envoyées par le Gouverneur du Dauphiné, dans le but de repousser les attaques des Vaudois du Piémont ou celles des troupes de Lesdiguières.

Les comptes de l'Escarton de 1570 et des années suivantes citent parmi les compagnies auxquelles Briançon fournit l'étape : « les compagnies des capitaines La Cazette, Ferrus, Baratier, Saignon, Rame, Latour, Donadieu, Saint-Michel et autres, *allants, revenants* et *séjournants*, pour le service de Sa Majesté, même pour le siège de Corps ; les compagnies à cheval de M. le prince de Piémont, du seigneur Antoine de Birague, Calorge et autres, revenant de France. » Le Monêtier de Briançon avait fourni l'étape aux mêmes compagnies.

Dans les mêmes comptes, figurent « les dépenses pour payer ceux qui ont ouvert les chemins royaux, puis la porte de Pertuis-Rostan jusqu'au Riu de Sacha (1), pour le passage des compagnies du comte de Gayasse allant en Piémont. »

« Dépensé, en 1569, au Mont-Genèvre, pour payer cent soixante-six marrons qui ont vaqué pour paller les neiges des chemins jusqu'à Saint-Gervais, pour aider à passer les compagnies du comte de Gayasse,

(1) Pertuis-Rostan était le défilé à travers lequel on pénétrait de l'Embrunais dans le Briançonnais ; il est encore praticable pour les piétons. La route nationale l'évite en suivant les rampes de La Bessée Le torrent de Sacha se trouve entre Saint-Martin-de-Queyrières et Briançon.

allant en Piémont pour le service de sa majesté. Payé à chacun de ces hommes quatre sols, ce qui se monte à 55 fl... ... sols (1).

« Payé, p...... res fournis aux soldats étant au camp ou à Chaumont, pour le siège du château d'Exilles (2). »

« Payé au capitaine Ferrus 240 écus, pour la solde de six vingts soldats qu'il a conduits au siège de Corps. »

Dans les comptes de 1575, diverses sommes sont allouées aux Consuls de Briançon, pour « dépenses et foules, soutenues pour la levée et l'entretènement des compagnies de la Cazette et de Valentier, pour passage et séjour des compagnies de monseigneur du Monastier, des compagnies de cavalerie des capitaines du Souas, Jean-Baptiste de Luserne, Jean de Garennes; pour les compagnies des capitaines Jean Legosia, César Rosato, Villefranche et autres dépenses pour raison de la guerre, depuis le mois de mai 1574 en ça, quasi continuellement. »

Pendant les années 1574 et 1575, le Briançonnais fut obligé de faire des dépenses considérables pour le sieur du Monastier (3), gouverneur du bailliage des montagnes, lieutenant général, chevalier des ordres

---

(1) Le florin valait 12 sols. — Saint-Gervais est une chapelle située entre le Mont-Genèvre et Césanne.

(2) Exilles, pris le 15 avril 1569, par le capitaine protestant Colombin sur Jean de Gaïe, qui en était gouverneur pour le roi et qui n'avait qu'une garnison de vingt hommes, fut repris le 27 avril par les catholiques des vallées d'Oulx et de Bardonnéche et par les troupes que de Gordes s'était empressé d'y envoyer.

(3) Balthazard de Comboursier, sieur du Monastier.

du roi, gentilhomme ordinaire de sa chambre. Il alla souvent à Briançon et y séjourna plus ou moins longtemps, avec des troupes et *tout son train*. En 1574, il y arriva le 25 mai et y resta jusqu'au 19 juillet suivant. Il y retourna le 17 août avec le capitaine Gargas et *autres de sa cavalerie*. Au mois de novembre, les capitaines protestants Gay, Fraché, Vallon, Bernard, d'Angrogne, s'étaient emparés de Césanne et « mandaient à Mont-Genèvre et au Pont-la-Vachette soi rendre, à peine de brûlement. » Monastier se porta immédiatement à Briançon avec toutes ses troupes, « tant de cavalerie que de gens de pied. » Arrivé le 27 novembre, il fut logé chez le sieur Bermond et y séjourna jusqu'au 12 décembre, pendant que ses troupes chassaient les protestants de Césanne. Depuis le 25 mai jusqu'au 15 décembre, « ses muletiers, son facteur, son palefrenier ne bougèrent dudit Briançon, ni moins ses chevaux et mulets, » et il fallait pourvoir à leur entretien.

Le 2 janvier 1575, les Consuls de Briançon donnent la nouvelle que le châtelain d'Oulx demande des secours contre les Protestants qui, au nombre de 400, se sont emparés de Chaumont. Cette nouvelle étant parvenue à Monastier, celui-ci se porta immédiatement avec des troupes, de Gap à Briançon, où il arriva le 11 janvier. Il fut logé « à l'accoutumée, avec ses gentilshommes, ensemble toutes ses troupes, tant de cavalerie que de gens de pied. Le lendemain, ledit seigneur repartit avec ses troupes, pour aller dresser son camp à Salbertrand. » Il était de retour à Briançon, avec sa petite armée, le 25 janvier, et y séjournait jusqu'au 4 février.

En 1574, dépenses « pour loger le conseiller Éme et *son train*, pour fournir l'étape aux capitaines du

Fay, La Rochette, Ponsonnas, Mayres, Chayx, La Cazette, Antoine, Gallice, Ambroys, Pastre, Colaud, Ferrus, conduisant leurs troupes, et se rendant à Exilles, à Pertuis-Rostan, à Bardonnesche par Planpinet, en Queyras par Cervières. » Il fallait fournir des vivres à ces troupes « employées aux lieux et passages de la Bastie, de la Bessée, de la Pesterle, aux avenues de Frexinières, pour s'opposer aux desseins et entreprises des rebelles ennemis du roy, conduits par les capitaines Villedieu, Colombin, Royssais, Rossin, Frache, Vallon, Gay, Bardonnesche, depuis le commencement de février 1574, jusqu'au mois d'avril 1575. »

« Payé aux Consuls du Villard-Saint-Pancrace les dépenses qu'ils ont supportées toute l'année, pour le séjour des compagnies du pays, sous la conduite du capitaine Ferrus, au camp volant ordonné par monseigneur du Monastier. ».

En 1575, dépenses « pour vivres fournis par les manants et habitants de La Bessée-Haute aux gens de guerre passant et repassant, tant de la garnison de Briançon, gardes de la porte de Pertuis-Rostan, des escortes et embuscades, durant toute l'année, que aux compagnies étrangères et aussi aux compagnies du capitaine Bertrand et autres de l'Escarton, étant allées à Vallouise. »

En résumé, la dépense pour l'Escarton, « pour solde et entretien des diverses compagnies, messagers, ramasseurs, espions etc., » pendant les années 1574 et 1575, fut de 275,513 florins ; « la péréquation faite par les Consuls escartonnant sur le nombre de six vingt feux, quart et demi de feu ont conclu péréqué et cottisé à payer respectivement, pour chascun feu, la somme de 2,288 florins, 9 sols, 1 denier. »

On trouve aussi dans une délibération du Conseil de Briançon, du 19 février 1574, que cette ville avait été « cotisée de quatre mille livres d'emprunt et que le capitaine Roul et François Pérédon furent députés à Grenoble, auprès du lieutenant général de Gordes, pour obtenir un rabais. »

En février 1586, Claveyson, gouverneur de Briançon, demande deux hommes par feu pour la garde de la ville et ordonne des réparations au château.

Au mois de mars, le capitaine Roux de Vallouise demande du secours contre Lesdiguières qui a écrit que, dans quelques jours, il viendrait lever des contributions dans la vallée. En même temps, Claveyson menace d'abandonner le pays si on ne le paie pas davantage. — L'Escarton le suplie de considérer ses grandes charges et de se contenter de 60 livres par mois.

Au mois de mai, l'Escarton s'engage à pourvoir à l'entretien de la compagnie de cavalerie de M. de La Roche (1), en fournissant « une hémine de froment, un setier avoine, et douze quintaux foin, par feu. » Il conclut aussi qu'on enverra un homme en Piémont pour emprunter l'argent dont on a besoin.

Au mois de juillet, le commandant des troupes qui occupent la vallée de Queyras demande à l'Escarton quatre hommes par feu et des vivres pour ses soldats « attendu que la nécessité y est grande. »

Dans le même mois de juillet, six compagnies du régiment de Lussan, commandées par le capitaine Camille Astrossi, occupaient Briançon. Chacune de ces compa-

_____

(1) Balthasard de Flotte, Baron de La Roche. Voir sa biographie par M. J. Roman, dans le Bulletin de la Société d'archéologie de la Drôme, octobre 1882.

gnies se composait de 120 hommes « outre les officiers et chefs ordinaires dudit régiment qui sont le mestre de camp, le sergent maieur, le mareschal des logis, l'aumônier, le médecin et *Sirurgien*, le prévost et archer. » Il fallait fournir, pour leur entretien, soixante et quinze écus par jour, plus dix écus pour les officiers, ou bien fournir des vivres en nature à raison de « douze charges de vin par jour; deux quintaux de pain par compagnie; un quintal et demi chair; un quintal fromage, les jours maigres; quatre écus par jour, pour les chefs des compagnies. » Pour être déchargé de ces compagnies, on députa à Grenoble auprès de La Valette à qui on fit présent de deux mulets.

Au mois d'août, deux compagnies de cavalerie sont l'une au Monêtier et l'autre au Mont-Genèvre. Ces communautés demandent à l'Escarton qu'on leur procure du vin et de l'avoine dont elles manquent.

En septembre, octobre et novembre, il faut pourvoir à la nourriture et à la solde d'une compagnie du régiment de Piémont et de la compagnie de cavalerie de 300 chevaux de M. de Savoie. De plus, chaque communauté est obligée de fournir un homme et 1/2 par feu « des mieux équipés et *courageux* » qui seront commandés par les consuls de Briançon.

Pour l'année 1588, nous trouvons qu'au mois de janvier et de mars. la garnison de Briançon se compose de deux compagnies de pied de M. de Montcassin et de M. de Mesplex, et de la compagnie de cavalerie de M. des Crottes. Les communautés de l'Escarton sont obligées de donner quatre écus par feu pour leur entretien, plus une hémine de blé, une hémine de vin, demi-setier d'avoine et un quintal de foin.

Dans le courant de mars, M. des Crottes qui a remplacé Claveyson dans le gouvernement de Briançon,

demande des munitions de guerre et ordonne
d'apporter dans la ville des grains, des farines
et autres subsistances, sinon les soldats iront les
prendre dans les maisons.

Au mois de mai, les consuls sont chargés de dire
à M. des Crottes que « l'Escarton lui fait présent de
350 écus, pour avoir soulagement de l'entretien de sa
compagnie qui est de *grande coustange* pour Briançon » et d'offrir au maréchal des logis un présent de
30 écus.

Le consul Grand dit qu'il a payé au capitaine Com-
~aigno 60 écus, et donné un cheval au capitaine La
√ignarte, 5 écus aux sergents des compagnies « aux
fins qu'ils s'en allassent, et pour faire rendre le bétail
du charroi de leurs bagages. »

Au mois de juin, l'Escarton emprunte de M. de
Baratier, lieutenant de M. des Crottes, pour payer ce
dernier, la somme de 300 écus pour solde des 1900
qui étaient dus.

Le 29 juillet 1588, les consuls de Briançon exposent
qu'il y a lieu de s'occuper de l'entretien de la compagnie de M. des Crottes, pour le mois d'août, dans
la crainte que les soldats se débandent. La conclusion
fut de faire une avance pour quinze jours, à raison
d'un écu et demi par feu.

Au mois de septembre, M. des Crottes avait quitté
Briançon avec sa compagnie qui s'était retirée dans
l'Embrunais, après avoir pillé et commis toute sorte
d'excès contre les personnes et les propriétés. L'assemblée de l'Escarton, indignée de cette conduite,
conclut « que les consuls de Briançon dresseraient
mémoires et instructions à nosseigneurs gouverneurs
et, si de besoin à MM. de la Cour, et à ces fins com-
mettre personnes aptes et idoines pour les supplier

octroyer aux manants et habitants de cet Escarton, une commission aux magistrats de Briançon, pour informer de telles voleries, extorsions et *sarcinats* et en poursuivre la punition exemplaire. »

Le 28 septembre, Claveyson qui était de nouveau gouverneur de Briançon, ordonna de lever dans tout l'Escarton un homme par feu, armé et équipé. De plus, la ville, par ordre de M. de Mayenne, allait recevoir en garnison 200 hommes de pied, auxquels on devait fournir « des vivres, jour par jour. »

A cette époque, Briançon était ravagé par la peste, depuis plusieurs mois ; la ville était déserte et les soldats de Claveyson « étaient contraints de rompre les maisons pour avoir des vivres, étant, à l'occasion de la contagion, lesdits habitants hors dudit Briançon. »

Le 1er octobre 1588, se réunirent à Planpinet « à la Charrière, près de la maison du sieur Thomas, M. de Claveyson, gouverneur pour le roi, à Briançon, Rame, premier consul de la ville, les Consuls de Vallouise, Saint-Chaffrey, Mont-Genèvre et des Villars. » Claveyson exposa que « M. de Ponsonnas était venu avec une compagnie de gens à cheval, pour secourir Briançon, étant passé par la Savoye, du commandement de Mgr de Maugiron ; qu'il demande à entrer dans la ville, suivant les ordres qu'il a reçus. »

Comme on n'avait plus besoin de secours, attendu que quelques jours auparavant, Lesdiguières, venant du Monêtier et allant à Arvieux, s'était laissé fléchir par les prières des Briançonnais, et leur avait accordé sauvegarde, les Consul réunis convinrent de faire présent d'un mulet à Ponsonnas pour qu'il s'en retournât, « eu égard qu'il a supporté beaucoup de dépenses, n'ayant pu passer par Malaval, à l'occasion que les

ennemis tiennent le Bourg-d'Huysens. » (Bourg-d'Oisans.) Ils firent aussi présent d'un mulet au capitaine
Jaubefort, qui était à Césanne, et s'avançait sur
Briançon, pour qu'il voulût bien ne pas aller plus
loin.

Le 2 octobre, l'assemblée de l'Escarton eut lieu au
mas des Chaix, dans la grange du Consul Rame. Celui-
ci expose que Claveyson « a reçu mandement de M.
de Mayenne, de faire une levée de 200 hommes de
pied, » et qu'il est nécessaire de leur fournir des vivres, à mesure qu'ils arriveront à Briançon. La conclusion fut, d'aller le lendemain à Planpinet, « pour
supplier M. le Vibailli de faire la péréquation et de
dresser les contraintes nécessaires. »

Comme on vient de le voir, les assemblées de l'Escarton avaient lieu hors de la ville, et le vibailli s'était
retiré à Planpinet, à cause de la peste. Vers la fin
d'octobre, l'épidémie avait cessé, et le 27 de ce mois,
la réunion de l'Escarton se fit dans la maison du notaire, secrétaire de la communauté. Dans cette séance,
on conclut de prier le commissaire Fradel, chargé de
faire la levée de 200 hommes, « de moyenner que ladite levée se fasse ailleurs, en considération de ce que
les deux parties de trois des habitants de cette ville
sont décédés de la contagion naguère. » Comme Fradel ne tenait aucun compte de ces prières et que ses
commis faisaient « de grandes violences, battant et
malmenant les particuliers; » le Conseil, quelques
jours après, conclut « qu'un Consul s'acheminera vers
M. de Maugiron pour, si faire se peut, avoir exemption
de ladite levée. »

Le 25 octobre, était arrivée à Briançon la compagnie
de cavalerie de d'Auriac; il fallut fournir vivres, foin
et avoine pour son entretien.

Dans le courant du même mois, plusieurs corps de troupes commandés par Briquemaut et Ramefort, lieutenants de Lesdiguières et de La Valette, traversèrent le Queyras pour combattre le duc de Savoie, qui s'était emparé du marquisat de Saluces, et lui reprirent Château-Dauphin.

Au mois d'août 1590, Lesdiguières partit de Gap avec des troupes, pour assiéger Briançon. La ville capitula le 6, à des conditions très honorables.

Lorsque les guerres de religion furent terminées, le Briançonnais eut encore à supporter de lourdes charges, à l'occasion du passage continuel des troupes de Lesdiguières, allant en Piémont combattre le duc de Savoie et les Espagnols. Cette guerre se prolongea depuis 1589 jusqu'à la paix de Vervins, qui fut signée en 1598.

Nous trouvons qu'en décembre 1597, Lesdiguières demanda aux Briançonnais « cinquante mulets avec conducteurs, pour voiturer des vivres et suivre l'armée. »

Le 28 mars 1598, le capitaine Saint-Laurens arriva à Briançon pour demander aux Consuls, de la part de Lesdiguières, les 1250 écus que la ville devait payer sur les vingt mille que le roi avait demandé « lui être prêtés par les dix villes de la Province. » Le Consul Raine partit immédiatement pour aller à Grenoble demander un rabais. Il obtint de Lesdiguières que la ville ne payerait que 600 écus, et on s'empressa de les emprunter.

Passage de l'armée de Louis XIII.

Pendant les années 1628 et 1629, la guerre entreprise par Louis XIII, pour assurer à Charles de Gonzague, le duché de Mantoue que l'empereur, le roi d'Espagne et le duc de Savoie lui disputaient, amenèrent encore des troupes nombreuses dans le Briançonnais.

Dès le mois de juillet 1628, les consuls de Briançon se préoccupaient du bruit qui courait que l'armée passerait par le Briançonnais. Ils envoyèrent Jacques Fantin à St-Crepin, pour savoir de M. de Marolles ce qu'il y avait de fondé dans ce bruit.

Dans ce même mois de juillet, les compagnies du régiment de M. d'Aiguebonne qui venait d'être nommé gouverneur de Briançon, occupaient les vallées de Château-Dauphin et du Queyras. Ces compagnies avaient reçu ordre de quitter leurs cantonnements, pour se porter au delà du Mont-Genèvre, en passant par Briançon. La compagnie Colonelle devait rester dans cette ville.

Les régiments du comte de Sault, de d'Auriac, de Montesson, de Grignan avaient aussi reçu l'ordre de se réunir dans cette ville.

Le conseil convoqué, conclut d'envoyer à Grenoble, auprès de M. d'Aiguebonne, les sieurs Claude Audibert et Antoine Ollagnier « pour le remercier de ses bontés, le prier de les continuer en ordonnant que les quatre régiments ne séjournent pas dans ce pays qui a souffert de grandes foules et surcharges et qui souffre encore tous les jours ; lui demander de le décharger au plus tôt de sa compagnie Colonelle. En attendant, faire un taux pour la nourriture de ses officiers et soldats. »

En même temps, le consul Ferrus et le capitaine Brocard, commandant du château de Briançon pour M. d'Aiguebonne furent envoyés en Queyras pour demander aux capitaines des compagnies du régiment d'Aiguebonne « de faire passer icelles en la montagne du Bourget, puisque leur quartier est à Césame. » Ils devaient, si besoin était, « être reconnaissants d'une étrenne honnête. »

La même année, 1628, le marquis d'Uxelles, commandant l'armée qui devait entrer en Piémont par le Queyras, était à Embrun et faisait traîner par les Briançonnais des canons, à destination de Château-Dauphin « depuis Pertuis-Rostan jusques sur la montagne de Cervières. »

Le 6 août, les Consuls de Briançon exposent au Conseil « que le sieur Corréard, munitionnaire de l'armée, les a fait sommer, en la personne du sieur Videl, de fournir et faire porter au Château-Dauphin, où se trouve l'armée, pour la ville et tout le bailliage, mille quintaux de pain et autres choses. » Le Conseil déclara ne pouvoir exécuter ces ordres, attendu qu'on ne trouvait plus ni blé, ni farine. Me Jacques Caire, notaire royal, fut envoyé en Queyras pour faire connaître cette position à M. Corréard. Il y trouva le commissaire général de l'armée du marquis d'Uxelles qui se montra très irrité du refus des Briançonnais. A cette nouvelle, deux membres du Conseil furent commis pour aller en Queyras trouver ce commissaire général, M. de Bissasson, et lui faire entendre qu'on va s'exécuter et faire la fourniture demandée. Ces deux députés étaient chargés, en même temps, de prendre des informations pour savoir « s'il y a danger que l'armée, rebroussant chemin, passe par Briançon; en ce cas, moyenner d'en faire passer une partie ailleurs, pour empêcher un *saccage* et tous les malheurs qui pourraient en résulter; et d'en donner avis nuit et jour. »

Le 13 août, le Conseil conclut « de députer personnes capables à Grenoble, pour demander à Mgr le maréchal de Créqui la décharge des régiments d'infanterie et de cavalerie qui sont encore en séjour, » dans l'Escarton, tels que le régiment du comte de Tallard, la cornette de cavalerie du baron d'Auriac, celle de Maugiron et plusieurs autres « qui sont encore ès vallées et autres lieux qui ne veulent déloger. En outre, se défendre contre les plaintes qui pourraient être faites audit seigneur maréchal, tant par le marquis d'Uxelles qu'autres de ladite armée, qu'ils représentent le grand dégast et désordre que ladite armée a faits en ce pays. » Le capitaine Jean Videl fut chargé de cette mission (1).

Le passage et le séjour de l'armée du marquis d'Uxelles furent désastreux pour le Briançonnais; elle ravagea surtout le Queyras et les environs de Briançon. Si l'on s'en rapporte aux plaintes unanimes des habitants, jamais on n'avait vu une armée si peu disciplinée. Cette armée, après avoir franchi le col Agnel, fut battue sur les bords de la Vraïta et obligée de repasser les monts. A son retour des vallées de Château-Dauphin et du Queyras, elle alla camper sous

(1) Jean Videl était le frère de Louis Videl, secrétaire de Lesdiguières.

les murs de Briançon, du 9 août au 11 du même
mois. Après son départ « les particuliers ayant des
propriétés à Ste-Catherine, aux Toulousanes et autres
lieux de la Tierce (1), demandèrent qu'on fît estimer
les pertes et dommages qu'ils avaient subis. » Il y
avait eu grand dégât de récoltes, perte de meubles
brûlés ou volés. Presque tous les ponts avaient été
rompus par le passage de l'artillerie. L'Embrunais
n'avait pas eu moins à souffrir que le Briançonnais :
toute la plaine de dessous le roc avait été dévastée
par la cavalerie.

Au mois d'octobre 1628, le régiment d'Aiguebonne
avait ordre de prendre son quartier d'hiver à Die; il
devait passer par Briançon et y loger. Il y avait moins
de quatre ans que la ville avait été presque complètement dévorée par l'incendie, et les consuls se
voyaient dans l'impossibilité de fournir des logements.
Ils députèrent vers les capitaines des compagnies
pour les prier d'avoir « commisération de cette
pauvre ville, » vu l'état où elle se trouvait et d'aller
loger ailleurs.

Dans le même temps, le chevalier de Chabrillan,
capitaine enseigne de la Cᵉ colonelle, demanda le paiement des arrérages qui lui étaient dus, pour le temps
que cette compagnie avait séjourné dans cette ville.
Le sergent major du régiment réclamait aussi des
sommes qui lui étaient dues. Ils protestaient « de ne
départir qu'ils ne fussent payés et satisfaits. » Les
consuls furent chargés de traiter avec le chevalier de
Chabrillan et « s'ils n'ont d'argent pour payer, ils sont
priés d'emprunter au nom de la communauté. »

---

(1) On appelait ainsi les villages faisant partie de la communauté de Briançon.

Dans le mois de janvier 1629, ordre du maréchal de Créqui aux consuls de Briançon « de recevoir et retirer les munitions de guerre et autres qu'il envoie et de veiller à leur conservation. » Les consuls les firent remiser « dans le couvent de St-François, au lieu le plus assuré. »

Au mois de février fut « signifié aux consuls l'ordre fait par le Roy, de prêter aide et assistance au sieur munitionnaire général des vivres ou à ses commis, et leur faire trouver grains, mulets, chevaux, charrettes et autres choses nécessaires pour le passage de l'armée de Sa Majesté en Piémont. »

Le 11 février, le Conseil appelé à décider s'il serait plus utile à la ville de fournir l'étape à l'armée royale qui doit aller « en Piémont et aux Italies » ou s'il vaudrait mieux la laisser dehors, » fut d'avis qu'il y aurait plus de profit pour les habitants « de la laisser aux Villars et autres lieux, sauf meilleur avis de l'assemblée populaire laquelle, à ces fins, serait promptement convoquée, sauf aussi en tant que la volonté de Sa Majesté serait autre et qu'il consterait par ordre.»

Dans sa réunion du même jour, le Conseil jugea qu'il était nécessaire de convoquer le Bailliage, pour savoir s'il voulait envoyer des députés à Grenoble « au devant du Roy, pour lui rendre l'obéissance et les devoirs qui lui sont dus, comme font les autres villes. » En attendant le consul Brunicard fut désigné pour « se porter par devant sa dite Majesté avec ceux que le Bailliage et Escarton lui voudraient bailler pour l'accompagner, lesquels furent priés de demander à Sa Majesté quelque soulagement pour le Bailliage. »

Le 21 février, le Conseil se préoccupa de savoir comment on devrait recevoir le Roi, et dit qu'on s'in-

formerait de ce qui serait fait à Gap. Au consul Brunicard on adjoignit le sieur Blanc, ancien consul, pour
aller au-devant du roi au lieu où ils pourraient le ren-
contrer ; ils furent chargés expressément d'envoyer
« un messager à Briançon, de jour ou de nuit, pour
indiquer la conduite à tenir, pour la réception. En
attendant, les sieurs Christophe Laugier et Jacques
Fantin devaient dresser les enfants de la ville (1) pour
honneur d'icelle ; le tout sans frais, sauf pour la poudre et mèches qu'il conviendra fournir. »

Sur la proposition émise que « pour l'honneur de
la ville il serait nécessaire faire faire des habits aux
consuls, comme a été fait dans les autres villes ; conclut ne pouvoir délibérer sur ladite demande, pour
n'estre pas de coutume, renvoyant icelle à l'assemblée
populaire, pour y estre pourvu ainsi qu'elle avisera. »

Le roi arriva à Briançon le 28 février, et comme il
connaissait l'état misérable auquel cette ville avait été
réduite par l'incendie de 1624, il « ne voulut point
qu'on se mit en despense pour le recevoir, en sorte
qu'on ne fit qu'arborer de pins et de lierre la porte de
son entrée (2). »

Il fut logé dans la maison nouvellement recons-
truite du sieur Fantin, dans la grande rue, au-dessus
de la fontaine *du milieu.*

Pendant le court séjour que Louis XIII fit à Briançon, le premier consul Brunicard et le vibailli lui
exposèrent la misère de la ville, ruinée presque
entièrement par l'incendie et demandèrent à être
déchargés de l'étape et de la fourniture des vivres

(1) C'est-à-dire, dresser la jeunesse au maniement du
mousquet.
(2) Froment, *Essais.*

que les munitionnaires exigeaient. Le roi leur dit de lui présenter une requête et promit de faire droit à leurs demandes.

Louis XIII, arrivé à Briançon le 28 février, en repartit le lendemain 1er mars ; « qu'il faisait bize et neige » comme dit Froment, et franchit le Mont-Genèvre. Il fit la descente du *Tou-niquet* (1) sur un traîneau, conduit par le consul de la localité.

Le 2, le Conseil de Briançon commit les sieurs Brunicard, Estienne et Blanc « pour suivre le roi du costé de Chaumont, lui rappeler sa promesse et lui demander contrainte contre les étapiers, auxquels on a fourni des denrées. Ils négocieront pour le soulagement du pauvre peuple, le mieux qu'il leur sera possible. » Le consul Brunicard fit remarquer qu'ils ne pourraient pas « vaquer pour les gages ordinaires à cause de la grande cherté des vivres, causée par le passage de l'armée. » (2)

Cette armée était de vingt-deux mille hommes d'infanterie et de trois mille cavaliers. Elle attaqua sans hésiter les retranchements que le duc de Savoie avait fait élever dans la partie la plus resserrée de la vallée, en avant de Suze, mit en fuite les troupes nombreuses qui les défendaient et s'empara de cette ville où Charles-

(3) Cette partie de la route se trouvait entre la chapelle de Saint-Gervais et le pont sur la Doire, au-dessus de Césanne ; elle était formée par des lacets creusés dans le roc, sur une pente très raide, d'une longueur de deux ou trois cents mètres.

(4) « Les denrées allèrent bien-tost à si haut prix que l'avoine qui se laissait pour 30 sols se trouvait avoir, en quelques jours, esté vendue six francs le sestier ; le foin estre venu d'un à quatre francs le quintal et ainsi du reste ». (*Essais p.* 280.)

Emmanuel signa la paix, s'engageant à nous laisser traverser librement ses Etats et à fournir tout ce qui serait nécessaire pour la subsistance de l'armée et le ravitaillement de Casal. Les Espagnols qui assiégeaient cette place adhérèrent au traité de Suze, levèrent le siège et promirent de laisser Charles de Gonzague paisible possesseur de ses Etats.

Le jeudi 29 mars 1629, les consuls de Briançon communiquèrent au Conseil l'ordre « fait par Sa Majesté aux lieux de Saint-Blaise et de Saint-Chaffrey, qui ont été fixés pour l'étape, de se procurer les vivres et les fourrages nécessaires pour le retour de l'armée, qui devait commencer de rentrer le 7 avril. » Le consul dit avoir reçu pour Saint-Blaise mille livres qu'on emploiera à l'achat de denrées et qu'il est nécessaire que la communauté et les aides fournissent le surplus. Le roi ordonnait en même temps à l'Escarton de fournir une bête par feu « pour le charroi du blé au lieu de Casal.

Le Conseil fut d'avis d'envoyer à Suze, auprès du roi, les consuls Couthon et Ferrus, pour le supplier de décharger Saint-Blaise de l'étape, attendu qu'un si petit village ne pourrait loger autant de troupes qui seraient alors obligées de camper. Ils devaient « faire toutes les remontrances possibles pour esmouvoir le Roy à compassion. »

Après avoir laissé douze mille hommes à Suze ou à Casal, Louis XIII rentra en France et traversa de nouveau le Briançonnais, avec son armée victorieuse qu'il conduisit contre les protestants du Languedoc.

* *
*

Guerre de trente ans.

Les années qui suivirent l'affaire du *Pas de Suze* ne furent pas meilleures pour les Briançonnais. La guerre de trente ans, commencée en 1618 et à laquelle la France commença à prendre part en 1635, dura jusqu'en 1648. Elle amena encore dans leur pays beaucoup de troupes allant en Italie, comme nous allons le voir.

Dans les premiers jours du mois d'août 1633, les consuls de Briançon sont informés que le régiment de Vaubecourt doit arriver. Aussitôt on députe à Grenoble auprès du premier Président, le capitaine Brocard, premier consul, pour demander que la ville soit dispensée de loger ce régiment, et qu'il lui plaise « l'eslargir par le Bailliage. »

Deux autres députés sont envoyés auprès du colonel pour le prier de faire loger son régiment à St-Martin et aux Villars, attendu qu'il n'y a rien de préparé à Briançon.

Toutes ces démarches furent inutiles : le régiment était à Briançon le 6 août ; huit compagnies furent logées en ville, deux au Pont-de-Cervières, deux à Foresville, une au Fontenil, une à Font-Christiane et une à St-Blaise et Chamandrin.

Le premier Président consentit à décharger la ville de deux compagnies, pendant la foire de septembre. Les consuls prièrent le sieur de Vaubecourt de défendre aux autres soldats « de n'approcher de la ville, pendant trois jours de ladite foire, afin d'obvier à quelque *escandale* ou autres accidents qui pourraient en résulter. » Ils lui demandèrent aussi de permettre « que le sergent de la ville, Marcellin, fît faire la patrouille la nuit par la ville, pendant ladite foire, comme est de coutume. »

Le 5 septembre 1634, le capitaine Brocard commandant du château et de la ville, pour M. d'Aiguebonne qui était toujours absent, fit part aux consuls de la lettre qu'il venait de recevoir de « Mgr. le premier Président, commandant pour le roi, en Dauphiné, par laquelle il ordonne de faire bonne garde, sur l'avis qu'il a eu que M. le duc de Savoie s'est allié avec le roi d'Espagne et qu'en ce mois de septembre ils doivent mettre à exécution leurs mauvais desseins. » A cette nouvelle, ordre est donné de réparer les murailles du château et de la ville, et de faire le rôle de tous les habitants capables de porter les armes, afin que tous, sans exception, soient appelés à faire le service pour la garde de la place.

Le 20 septembre 1635, le comte de Sault, gouverneur du Dauphiné « sur la requête à lui présentée par les consuls des Villars-St-Pancrace et de Saint-Martin » ordonne que ces communautés seront déchargées de l'étape qui sera transférée à Pont-de-Cervières, à St-Blaise et à Chamandrin « pour la nourriture des gens de guerre allant en Italie ou en revenant, pour le service du Roy. » Deux mois après, il prescrit une levée de deux hommes par feu, pour aller en Italie.

Dans le mois de décembre de la même année, plusieurs compagnies du régiment de Savines, dont deux de M. Ferrus d'Oulx, étaient logées dans les hameaux de Font-Christiane, Foresville et Fontenil. On envoya un messager au consul Pinard, qui était à

Grenoble, pour qu'il demandât la décharge de ces compagnies, attendu que la communauté était chargée de l'étape a Pont-de-Cervières et à St-Blaise. En même temps, le commissaire des guerres, M. de Chevency, ordonna de chercher hors de la ville un lieu convenable pour loger les malades, revenant de l'armée d'Italie.

Au mois de février 1636, les communautés de St-Martin et du Villard-St-Pancrace furent, de nouveau désignées comme lieux d'étape, et reçurent l'ordre de faire leurs préparatifs pour recevoir huit mille hommes de pied et mille chevaux. Les autres communautés de l'Escarton devaient fournir, comme à l'ordinaire, leur quote-part des denrées nécessaires.

La communauté de Briançon, par ordre du comte de Sault, était chargée, depuis le mois de novembre 1635, d'arrêter et de garder en prison les déserteurs de l'armée d'Italie, et le Bailliage tout entier devait contribuer aux dépenses occasionnées pour cela.

Le 13 mai 1636, le Conseil de Briançon commit le consul Brunicard et le sieur Estienne, avocat, pour aller à Suze et y voir le comte de Sault qui devait y passer, se rendant à l'armée d'Italie. Ils étaient chargés de lui demander de dispenser la ville du soin d'arrêter et de garder les déserteurs, en lui représentant « que les gardes établies en plusieurs endroits du Bailliage, occasionnent de grands frais ; que d'ailleurs cette surveillance est à peu près inutile dans cette saison où tous les défilés des montagnes sont libres et praticables. Ils devaient aussi demander la dispense d'avoir constamment deux chevaux à la disposition des courriers *passant et repassant*.

Le 20 mai, on apprend que le comte de Sault a déchargé Saint-Martin et le Villard de l'étape et l'a rétablie à Briançon. Le Conseil conclut de se soumettre provisoirement à cet ordre « afin d'obvier à quelque malheur qui pourrait arriver par les gens de guerre, faute de préparation. Mais, considérant qu'il est impossible de souffrir l'étape en cette ville, sans que les gens de guerre et les habitants en reçoivent de grandes incommodités, à cause du peu de maisons qu'il y a de reste, pour n'avoir eu moyen de se rebâtir depuis l'embrasement de 1624, et qu'il est à craindre que le feu se mette encore à ce qui est demeuré, ce qui occasionnerait la ruine et désolation totale de cette pauvre ville, il est jugé à propos d'envoyer à Grenoble les sieurs Brunicard et Estienne pour obtenir de M. le premier Président la décharge de ladite étape. Ils sont autorisés à donner quelques étrennes, si besoin est. »

Le 5 juin, le consul Brunicard annonce qu'il a obtenu, à l'aide de M. de Saint-Nazaire et de M. de Chevency, l'exemption de l'étape qui a été établie à Saint-Chaffrey « et pour la faciliter, comme elle est plus éloignée, celle qui était à Guillestre a été transportée à Saint-Crépin. »

Au mois de septembre suivant, Saint-Chaffrey fournissait l'étape à deux mille hommes et cinq cents chevaux, toujours, bien entendu, avec l'aide du Bailliage dont chaque communauté fournissait sa quote-part des denrées nécessaires.

Le 19 avril 1637, le comte de Sault rétablissait l'étape à Saint-Blaise et au Pont-de-Cervières où devaient arriver dix-huit mille hommes de pied et plusieurs cornettes de cavalerie. Les habitants de ces pauvres villages qui faisaient partie de la communauté de Briançon, prièrent instamment le conseil de faire les démarches nécessaires pour les faire exonérer de cette lourde charge. Les consuls Turcon et Couthon se rendirent immédiatement à Grenoble pour faire valoir leurs réclamations.

Au mois d'août suivant, le comte de Sault ordonne aux consuls de Briançon de tenir à la disposition des courriers trois chevaux qu'ils pourront mener, d'un côté à Césanne, et de l'autre côté au Monêtier. « Auxquels lieux ladite poste est établie, et il sera payé par lesdits courriers comme aux autres postes de Grenoble à Lyon, qui est vingt sous par cheval, chaque course. »

Dans le mois de mars 1638, ordre de garnir l'étape à Saint-Blaise et au Pont-de-Cervières, pour vingt mille hommes de pied et quatre mille chevaux « la majeure partie venant de France, le reste de Provence ou du Languedoc. » Tout devait être prêt pour le mois d'avril. L'ordre portait que la communauté ferait les avances « sauf d'en être remboursée sur l'imposition qui en serait faite par MM. de l'Election des montagnes. » A la réception de cet ordre, le consul Richard s'empressa de partir pour Grenoble : il devait représenter l'impossibilité où se trouvait la communauté de faire de si fortes avances ; faire remarquer que les habitants de ces villages seraient ruinés et obligés de quitter le pays ; que d'ailleurs on ne peut « bailler le pot de vin pour un sou, six deniers, et de suite les autres denrées, selon le prix et taux fait par sa Majesté. »

Au mois d'août 1638, les consuls obtiennent du duc de Lesdiguières que Briançon sera exempt du logement des gens de guerre, pendant toute la durée de la foire de septembre. L'étape sera au Pont-de-la-Vachette et aux Alberts pour les huit jours qui précèdent la foire et pour les huit jours qui la suivent, à condition que les consuls fourniront les vivres et denrées nécessaires.

Au mois d'octobre, M. d'Argenson, conseiller du roi, intendant de la police et justice, pour le service du roi, à l'armée d'Italie, ordonne à tous les consuls des lieux où les étapes sont établies, de les garnir des denrées nécessaires pour le passage de cinq compagnies de gendarmes et vingt-sept cornettes de cavalerie qui se retirent de l'armée d'Italie « et vont passer en bref, » à peine de désobéissance. Le consul Richard est de nouveau dépêché au duc de Lesdiguières pour lui remontrer l'impossibilité où la ville se trouve de faire les avances ; « le supplier très humblement qu'il lui plaise ordonner aux fournisseurs de continuer (à les faire), puisqu'ils ont reçu les deniers des impositions faites pour les étapes, ou du moins obtenir injonction aux communautés de l'Escarton de contribuer à ladite fourniture ; autrement lui déclarer que sommes contraints de *déshabiter*. » En attendant, pour obvier aux désordres qui pourraient arriver, le Conseil, dans sa délibération du 24 octobre 1638, fut d'avis de prendre des mesures pour garnir l'étape.

Le 23 décembre 1638, un régiment arrive à Briançon et veut y séjourner jusqu'à ce qu'il ait reçu de nouveaux ordres. Les consuls apprennent qu'un des archers qui suivent le régiment est porteur d'un ordre du duc de Lesdiguières, prescrivant que si le régiment doit faire séjour, il le fera dans la vallée de Pragelas ; que cet archer offre de produire l'ordre qu'il a dans les mains, si on lui fait une gratification. Le Conseil conclut qu'on lui donnera deux pistoles d'Espagne et que le sieur Richard ira immédiatement à Grenoble, pour demander d'être déchargé de l'étape des quatre régiments qui vont suivre.

Le 7 avril 1639, le consul Brocard dit avoir reçu l'ordre de préparer des vivres pour le passage de vingt mille hommes de pied et quatre mille chevaux.

Le 4 juillet sont commis « Barthélemi Ferrus et Lazare Rostolan, pour commander aux gardes établies au Mont-Genèvre et à Cervières afin d'arrêter et saisir les soldats déserteurs de l'armée d'Italie, l'Escarton leur paiera à chacun 28 sols par jour. Les gardes seront fournis par les communautés de l'Escarton que l'on aura soin de prévenir trois jours d'avance. »

Le 1er août, l'Escarton députe à Grenoble, au duc de Lesdiguières, un des consuls de Briançon et le sieur Alphand, consul de Vallouise, pour demander « d'être déchargés des levées et surcharges ci-devant mentionnées et des gardes de mon dit seigneur, les quels vaquent en ce pays, et se font fournir logis, vivres, chevaux, etc. »

Le 16 septembre, l'assemblée du Bailliage ayant appris que le roi doit être prochainement à Lyon, conclut d'envoyer une députation pour lui représenter que ce Bailliage supporte des charges que n'ont pas les autres élections de la province et qui sont :

« 1° Les pionniers qu'il fournit à Pignerol ; 2° l'établissement des postes à cheval ; 3° la dépense du prévôt et de ses archers ; 4° la dépense des déserteurs de l'armée, arrêtés en cette ville ; 5° les gardes pour arrêter ces déserteurs ; 6° la contribution des étapes qui n'est point en proportion des feux ; l'élection de Gap nous faisant contribuer pour les sept étapes qui sont dans les Bailliages de Gap et d'Embrun, le nôtre n'en ayant que deux.

« Les députés tâcheront d'obtenir de Sa Majesté, notre Souverain, quelque soulagement pour ses pauvres sujets qui lui sont affectionnés et lui rendent de tout leur cœur leurs humbles et obéissants services. »

Le 20 octobre, les députés avaient rempli leur mission et l'un d'eux, le consul Brocard, informe le le Conseil qu'ils ont obtenu « injonction à MM. les élus de Gap de péréquer sur ladite élection ce que le Bailliage de Briançon a fourni pour les postes à cheval, pour les gardes chargés d'arrêter les déserteurs , nourriture d'iceux aux prisons de Briançon, la fourniture des hommes envoyés aux fortifications de Pignerol, et autres choses mentionnées en la requête. »

Le 5 octobre, ordre aux consuls de Briançon qui est lieu d'étape , avec l'aide des communautés de l'Escarton « de préparer les denrées nécessaires pour dix mille hommes qui doivent passer, d'en faire les avances, sauf d'en rechercher le remboursement sur le département de Die, lequel est donné en aide. Dans trois jours, arriveront les premières troupes qui sont dix compagnies du régiment des gardes du roi et quatre de ses Suisses. » Le Conseil réuni, conc'ut qu'il sera fourni pour chaque feu : « Trois setiers, moitié seigle, moitié froment, trois charges de vin du pays, bon et recevable , comme porte l'ordonnance ; celui des officiers sera rouge et recevable ; un quintal vingt-cinq livres chair, mouton, bœuf, vache et veau ; deux quintaux foin et quatre setiers avoine. »

Janvier 1640, passage du régiment de cavalerie de St-Simon et d'autres troupes. Le 13 février, ordre de préparer des vivres pour trois mille hommes. Le 11 mars, ordre de garnir l'étape pour six régiments. Le 5 avril, ordre de préparer, au prix des trois derniers marchés , les denrées nécessaires pour dix mille hommes.

On ne peut comprendre comment le pauvre pays

Briançonnais pouvait suffire à toutes ces réquisitions. Dans sa détresse, il eut encore recours à une députation. Dans le mois de juin, le sieur Rousset, docteur en médecine de Chaumont, fut envoyé au comte d'Harcourt qui faisait le siège de Turin, pour lui « remontrer le pitoyable état où le pays était réduit. »

En février 1642, passage de plusieurs régiments allant en Italie ou en revenant.

En mai 1643, par ordre du comte de Tournon, maréchal de camp, lieutenant-général pour le roi, en Dauphiné, le régiment de Dauphiné, composé de vingt compagnies et de l'état-major eut son quartier d'assemblée, pour huit jours, au Monêtier, qui devait avoir pour aide tout le Bailliage. La compagnie de chevaux-légers du sieur de Champoléon eut son quartier d'assemblée pour vingt jours au Château-Queyras ; cette vallée et celle de Château-Dauphin devaient contribuer à la fourniture des denrées et des fourrages. La vallée de Césanne eut le logement de 80 soldats du régiment de Mazarin, pour quinze jours et le logement de cent hommes de pied avec leurs officiers, pour autres quinze jours.

A la fin de mai, un sieur Albert fut député à Grenoble, auprès de M. de Tournon, pour demander d'être déchargé de tous ces logements, ou le remboursement des dépenses.

Au mois d'avril 1644, ordre de préparer des vivres pour dix mille hommes de pied et deux mille chevaux qui doivent passer à Briançon.

Au mois de mai, ordre aux consuls de Vallouise de loger la compagnie de gendarmes du duc de Lesdiguières et de lui fournir denrées et fourrages nécessaires jusqu'à nouvel ordre. Les Escartons de Briançon, du Queyras et de Château-Dauphin, sont donnés en aide à la communauté de Vallouise.

En 1647, plusieurs régiments sont en quartier d'hiver, dans les vallées de Château-Dauphin, du Queyras, au Monêtier, à la Salle et à St-Chaffrey. Les dépenses qui doivent être supportées par le Bailliage se montent à 159 livres par feu.

En 1648, les compagnies du régiment du duc d'Anjou ont leur quartier d'hiver dans les vallées du Monêtier, du Queyras et de Château-Dauphin. A leur départ, le Bailliage est obligé de payer, en sus de la somme liquidée par le lieutenant particulier de Briançon, 544 livres dix sols pour l'état major.

Cette même année 1648, les consuls de Briançon obtinrent du duc de Lesdiguières, une ordonnance portant que durant les cinq foires de cette ville, l'étape serait transférée aux lieux de St-Martin, le Villars, Pont-la-Vachette et les Alberts, alternativement, en commençant l'année suivante par St-Martin. Dans le courant de l'année 1648, fut signé le traité de Westphalie, mais la guerre continuant avec l'Espagne, les passages de troupes continuèrent à travers le Briançonnais.

Le 28 janvier 1649, ordre du duc de Lesdiguières qui donne à Briançon, en quartier d'hiver, dix compagnies du régiment d'infanterie du duc de Sully, auxquelles on fournira logement et vivres, suivant les règlements, c'est-à-dire pour chaque soldat : une livre 1/2 pain, une livre de viande et un pot de vin.

Des députés furent encore envoyés à Grenoble pour obtenir une décharge ; ils devaient représenter que Briançon « avait souffert l'année précédente pour le quartier d'hiver du régiment de Mgr le duc d'Anjou et pour l'étape de plusieurs années qui ont réduit cette ville dans un état si pauvre et si pitoyable, que partie des habitants menacent de la quitter. »

Ils obtinrent que quatre de ces compagnies iraient loger au Monêtier et à Névache. Mais les officiers, avant de quitter la ville demandèrent qu'on leur payât les rations qui leur étaient dues « sinon ils ne deslogeraient pas. »

Au mois de mars, toutes ces compagnies reçurent ordre de sortir de l'Escarton de Briançon pour aller, deux en Queyras, une à Césanne, deux à Bardonesche, les autres à Valcluson et à Château-Dauphin.

Le 1er avril 1649, les consuls de Briançon apprennent au Conseil qu'ils ont reçu avis que le régiment de cavalerie de M. de Saint-André Montbrun « s'est jeté sans ordre, sur la vallée de Pragela; cinq compagnies sont aux Souchières et aux Traverses, une autre à Césanne. » Ils demandent qu'on prenne des mesures pour les empêcher de venir dans l'Escarton de Briançon.

Le 28 avril, les consuls annoncent qu'il doit arriver à partir du 3 mai, plusieurs régiments et qu'il faut aviser « pour obvier à tout désordre et à la totale ruine des habitants qui sont accablés sous le poids de de tant de souffrances. »

Le 7 décembre, les consuls des Escartons d'Oulx et de Pragela, exposent à l'assemblée du grand Escarton qu'ils sont surchargés de logements, depuis le 4 et le 5 de ce mois « ce qui causera leur totale ruine, requérant assistance du reste du bailliage. »

En 1650, la compagnie de chevau-légers du sieur Lomba, capitaine au régiment du prince Maurice de Savoie, fut logée et entretenue à Briançon, depuis le 26 janvier jusqu'au 17 février qu'elle reçut l'ordre d'aller à Cervières.

Au mois de février 1650, un garde du duc de Lesdiguières allait à Briançon demander la contribution

due par la communauté, pour la subsistance pendant
six mois vingt-quatre jours, de la compagnie de
chevau-légers de M. de Montorcier, capitaine au
régiment d'Anjou.

Le 15 mai, le régiment d'Uxelles est à Briançon et
« comme madame royale (1) ne veut qu'aucunes
troupes du Roi entrent dans ses Etats, qu'au préalable
elle ait fait préparer leur subsistance, il est à craindre
que le régiment ne fasse un long séjour en cette ville. »
Le Conseil conclut d'envoyer à Grenoble, pour en
informer le duc de Lesdiguières, et à Turin, auprès
de notre ambassadeur M. de Servien, pour le prier
d'obtenir de Mme Royale que les troupes avancent. »
On députa aussi quelqu'un à Embrun pour empêcher
qu'il en arrivât d'autres.

Dans la réunion du Conseil du 21 août 1650, les
consuls font remarquer que « l'étape est établie,
depuis longues années dans cette ville, qu'il y a des
passages fréquents et de longs séjours ; ce qui réduit
les habitants à une extrême nécessité ; plusieurs ont
été contraints d'abandonner leurs maisons, et les
autres sont sur le point de faire de même, s'ils ne sont
promptement secourus par le moyen des aides. Le
nombre des habitants est petit, attendu que depuis
l'incendie (1624), il y a encore beaucoup de maisons
non rebâties. »

Le grand Escarton, dans son assemblée du 24 février
1650, conclut de demander au duc de Lesdiguières un
délai pour le paiement des *ducats Briançonnais* (2),

---

(1) La duchesse de Savoie.

(2) Dans la transaction de 1343, les communautés Briançonnaises s'étaient engagées à payer au Dauphin, outre une
somme capitale de douze florins d'or, une rente annuelle et
perpétuelle de *quatre mille ducats*.

« vu l'imposibilité de les payer présentement, à cause des foules souffertes par le passage de l'armée d'Italie dont une partie occupe encore le pays. La gelée a enlevé une partie des récoltes, le peu qu'il y a eu a été consommé par les gens de guerre, ce qui a réduit le peuple à une extrême pauvreté ; la plupart n'ont point de pain. Pour ces motifs, prier M. le duc, vouloir décharger le Bailliage, du régiment de cavalerie du prince Maurice de Savoye, logé dans les Escartons de Briançon et de Queyras, et du régiment d'Aiguebonne, logé à Château-Dauphin. »

Le régiment du prince Maurice était encore dans le Briançonnais, le 23 juin ; il y avait en outre, depuis le 13 mai, deux régiments d'infanterie, celui du Lyonnais et celui d'Uxelles. Les députés envoyés au duc de Lesdiguières, à Grenoble, et ceux envoyés à Turin auprès de notre ambassadeur Servien et à MM. d'Uxelles, de Ville et de Monti ne purent rien obtenir. L'Escarton résolut d'envoyer de nouveaux députés « à Grenoble, à Turin et même plus loin s'il le faut. »

Le 11 janvier 1651, le régiment de Ville est arrivé à Briançon et doit y séjourner jusqu'à nouvel ordre. Les consuls exposent au Conseil que toutes leurs ressources ont été épuisées par les derniers passages de troupes. Ils demandent qu'on leur donne les moyens de pourvoir à la subsistance dudit régiment.

Le 12 février 1651, l'économe de l'hôpital de Briançon représente aux administrateurs de cet établissement qu'il manque de ressources « pour fournir à l'entretien des pauvres dont le nombre est fort grand, à raison du continuel passage des gens de guerre et des pèlerins » (1).

---

(1) Archives de l'hôpital de Briançon.

Au mois de décembre de la même année, dix compagnies sont logées dans l'Escarton d'Oulx et vingt dans celui de Briançon, dont cinq dans la ville. Le Conseil conclut encore « d'envoyer à Turin et à Grenoble pour en être déchargés. »

Au mois de novembre 1652, on signifie aux consuls « d'envoyer promptement deux mille livres à Pignerol, pour la subsistance des troupes venues de Casal, autrement elles viendront en ce pays. »

Au mois de janvier 1653, il faut fournir pour l'entretien et la subsistance de deux compagnies du régiment de Carignan, logées à Briançon depuis un mois.

Les députés envoyés à Turin répondent qu'ils ont appris de M. de Servien notre ambassadeur, que le marquis d'Uxelles, commandant l'armée d'Italie, voyant que Madame Royale refuse de pourvoir à la subsistance de cette armée, a résolu de se mettre en route « pour se venir loger par la violence dans les vallées du Bailliage. » L'assemblée de l'Escarton conclut aussitôt d'envoyer demander au duc de Lesdiguières (1) « comment on doit se conduire, pour se garantir du logement de ladite armée dont le Bailliage est menacé » Les députés d'Oulx disent que le duc de Lesdiguières « a ordonné au sieur Paléologue, gouverneur d'Exilles, de s'opposer au passage de cette armée, et même en cas de violence, de faire rompre le pont d'Exilles ; mais qu'il faut aussi que les habitants se mettent en état de défense, afin de préserver les vallées de la ruine et désolation dont elles sont menacées. »

---

(1) Le duc de Lesdiguières était gouverneur du Dauphiné.

Dans la réunion du grand Escarton, du mois de février 1652, de nouvelles plaintes se font entendre sur les charges qui pèsent sur le Bailliage qui, « depuis plusieurs années est rempli de troupes en quartier d'hiver, ou autrement, comme il est notoire ; ce qui est cause que les habitants sont réduits à une extrême pauvreté, et presque entièrement ruinés ; la plupart ayant été contraints d'abandonner leurs maisons, et de s'en aller dehors même de la monarchie, pour chercher leur vie. Il serait bon de moyenner pour qu'à l'avenir ils ne soient surchargés comme ils l'ont été jusqu'ici. »

Au mois de décembre 1652, l'armée d'Italie rentrait en France, et le sieur de Clairambault, en attendant des ordres, en logea la majeure partie dans le Briançonnais. L'Escarton de Briançon avait pour sa part : le régiment de Navarre, une partie de celui de P.... et la compagnie franche de chevau-légers du sieur de Lesches qui était dans la ville. De plus, la Communauté avait deux compagnies d'infanterie du régiment de Carignan, en quartier d'hiver.

Au mois de juillet 1654, il y avait quarante compagnies logées dans les vallées briançonnaises, savoir : sept compagnies du régiment St-André-Montbrun, et quatre du régiment Maugiron, dans le Queyras ; six compagnies du régiment de Ferrou, quatre du régiment de St-Aignan, une des gardes de M. de Grancey, une de chevau-légers de Grancey, une de chevau-légers de M. de Montpezat, dans la vallée d'Oulx ; sept compagnies du régiment prince Maurice de Savoie, quatre du régiment de St-Sierge, une de chevau-légers de M. de Pienne, dans le Pragela ; une compagnie de chevau-légers du cardinal Anthonio, une de chevau-légers du comte de Quincy, une de chevau-légers d'Espinsac, et une de chevau-légers de la Tivolière, dans la vallée de Château-Dauphin.

Le 16 juillet de la même année, les consuls de Briançon sont autorisés à emprunter trois mille livres, pour payer ce que réclament, pour l'étape, St-Martin et le Villard. Cette dernière communauté est chargée de deux régiments de cavalerie depuis 17 jours.

Le Vibailli de Briançon, accompagné de plusieurs autres députés, alla à Turin pour supplier le maréchal de Grancey de faire entrer en Piémont ces troupes qui occupaient le Bailliage depuis plus de cinq mois. Il exposa au maréchal qu'en dehors des dépenses ordinaires, faites pour loger et nourrir ces troupes, les communautés ont encore « payé des sommes immenses par suite de traités obtenus par la violence ; que les gens de guerre ne se contentent pas de faire fournir les subsistances, mais se font encore payer de fortes sommes, pour de prétendus décomptes ; que la plupart des récoltes sont perdues. »

En attendant le résultat de cette démarche, les députés furent contraints « pour obvier à la totale ruine du Bailliage et éviter que le peuple ne se portât à quelque acte de désespoir, de promettre la somme de 53,320 livres, payables dans un mois. Le Vibailli s'engagea, en son propre et privé nom, à payer la somme au maréchal qui consentit, enfin, à faire exécuter les ordres du duc de Lesdiguières, donnés à la suite de de ceux du roi, qui lui enjoignaient de faire déloger ces troupes sans délai.

L'assemblée du Bailliage approuva la négociation et s'engagea à relever le vibailli de sa promesse. Elle décida de faire un emprunt qu'elle obtint, à Grenoble, de M. de Rion.

Dans sa réunion du 11 août 1654, l'assemblée du

Bailliage donna des détails navrants sur les souffrances endurées par les **Escartons** d'Oulx, de **Pragelas**, du Queyras et de Château-Dauphin, pendant les six mois que les troupes, désignées plus haut, occupèrent leurs vallées. « Les gens de guerre ont pris et consommé toutes les denrées et les pauvres habitants n'ont en pour semer ni avoines, ni grains printaniers ; leurs terres sont restées incultes ; grande quantité de personnes ont été réduites à manger de l'herbe, faute de pain, pour l'avoir, lesdits gens de guerre, fait manger à leurs chevaux ; ils ont rompu les maisons, volé et emporté ce que bon leur a semblé, enlevé des bestiaux, battu et tué plusieurs habitants ; des villages entiers ont été abandonnés et les maisons laissées à la merci des soldats. Après le paiement de 1200 livres par compagnie, ils ne se sont pas empressés d'exécuter les ordres du roi et de Mgr le duc pour déloger ; ils n'ont voulu quitter nos vallées que longtemps après et ont encore arraché par la violence de notables sommes aux communautés. »

Quelque temps après, au passage de nouvelles troupes, les mêmes désordres se reproduisirent. Sous prétexte que l'entrée du Piémont n'était pas libre, quatre régiments de Cavalerie séjournèrent pendant un mois, savoir : le régiment de Guerry à Chaumont ; celui de Ville à Salbertrand, et deux autres au Villard-St-Pancrace. Il y avait en outre, dans le Briançonnais, le régiment d'infanterie italienne du cardinal de Mazarin.

Pendant le séjour de ces régiments « des cavaliers, même des officiers se tenant le jour et la nuit sur les chemins, et se portant en troupes dans les villages, ont commis des voleries extraordinaires, battu et maltraité plusieurs personnes, même des ecclésiastiques, forcé les églises, ainsi qu'il est arrivé à Oulx et autres lieux.

Les troupes qui, pendant l'année 1655, se trouvaient en quartier d'hiver dans le Briançonnais, s'y livraient aux mêmes excès. (1) Ainsi, nous voyons que le 23 janvier, le Consul de Briançon se plaint encore « des désordres que commettent incessamment les gens de guerre, logés en cette ville, notoires à tous ; ce qui met les habitants au non plus ; il requiert le conseil de délibérer sur ce qu'il y aurait à faire pour éviter la totale et inévitable ruine de ladite ville. » On conclut de traiter avec le sr de Sallières, commandant. Le traité eut lieu, mais sans résultat, et le 23 février, les consuls chargeaient MM. Claude de Pons, procureur du roi, et Antoine Fine, bourgeois, de voir M. de Sallières et de le prier d'user de son autorité « pour contenir ses officiers et ses soldats. »

Le besoin d'argent se faisait toujours vivement sentir, et le 9 mars le Conseil conclut d'envoyer quatre députés dans les vallées vaudoises de Saint-Martin et de Luserne, au val de Mayre, à Bobi, à Grenoble et autres lieux pour emprunter « quinze mille livres et plus si faire se peut, au nom de la Communauté. »

Les Consuls disaient au conseil réuni, le 29 mars : « ayant fait signifier les ordres du roi et du prince Thomas, le 26 de ce mois, et ce jourd'hui celui de Mgr le duc de Lesdiguières aux régiments de Sallières et d'Igby, logés en quartier d'hiver en ladite ville, portant qu'ils aient à déloger et passer en Piémont, ils ont répondu qu'ils ne délogeraient qu'à la condition

---

(1) Dans les actes de décès de la paroisse de Briançon, on lit à la date du 12 février 1655 : « *Magister Franciscus Colombat, læsus à milite obiit.* »

qu'on leur paierait ce qui leur est dû. Ils demandent pour le temps de leur séjour, trente-quatre livres par jour, par compagnie, l'état-major comptant pour une compagnie. » Le régiment de Sallières avait vingt et une compagnies ; celui d'Igby, huit ; les sommes exigées étaient par conséquent considérables, et les Consuls « ne savaient où les prendre. » Il fallait cependant aviser, pour éviter des malheurs, car ces régiments se prévalaient de leur force et de la faiblesse des habitants, et ils annonçaient que le régiment de Preston, Irlandais, arriverait le lendemain d'Embrun pour venir leur prêter main-forte. Les Consuls ne purent s'en débarrasser qu'en déclarant par écrit que la Communauté n'avait rien à prétendre sur les dernières sommes ordonnancées, en sa faveur, pour la subsistance des troupes.

Nous lisons dans les manuscrits de Molines, connus sous le nom de *Transitons* : « L'an 1653, huit compagnies du régiment de Carignan tenaient garnison au fort Queyras ; voulant forcer les habitants de la vallée à leur donner de l'argent, elles commirent de grands désordres. Trois cents paysans prirent les armes pour se défendre et une mêlée eut lieu ; les soldats tuèrent quatre paysans et violèrent plusieurs femmes. »

« L'an 1654, les régiments de Saint-André-Montbrun et de Maugiron, cavalerie et fantassins, passèrent leur quartier d'hiver dans la vallée (Queyras) et y commirent de grandes méchancetés et de grands désordres. Vers la fin du mois de juillet ils allèrent aux Prats-Hauts et aux Prats-Bas, pillèrent, tuèrent trois personnes, en blessèrent huit. A Ville-Vieille, ils fauchèrent les blés, etc. Les habitants furent obligés de leur promettre de l'argent pour les apaiser. »

Le 5 janvier 1656, les consuls de Briançon annoncent au Conseil que le régiment d'infanterie du Lyonnais, ayant quinze compagnies complètes, arrivera ce jour même et qu'on sera obligé de le loger et de le nourrir. Le Conseil déclara que « les habitants qui déserteraient, pendant le présent quartier, seraient déchus à perpétuité de leurs droits de citoyens. »

Pour fournir des vivres à ce régiment, il fallait chaque jour beaucoup d'argent, « les consuls ne savaient comment s'en procurer, les charges des années précédentes ayant réduit la Communauté à la dernière extrêmité. » On eut recours au Vibailli qui « faute de numéraire fit la faveur à la Ville de lui bailler une partie de sa vaisselle d'argent, pour faire les avances de la première quinzaine, offrant de remettre ladite vaisselle pour être portée et vendue à Grenoble. » (1).

Le 25 juin, la ville se trouvait encore chargée de deux compagnies du régiment de Roannais. Pour leur subsistance, il fallait donner tous les jours 27 livres 10 sols 1/2, outre l'ustensile. » Aussi, les Consuls déclarèrent, le 29 juin, que les créanciers les poursuivent, à grands frais ; qu'ils n'ont pas trouvé à emprunter à Grenoble, ni ailleurs, et qu'il n'y a d'autre parti à prendre que « de faire une levée sur les manants et habitants taillables, et emprunter sur les marchands. » Le Conseil conclut qu'on lèverait sur les habitants un impôt de 20 livres pour chaque livre de cadastre, et un emprunt sur les marchands de 30 livres chacun.

En 1657, la Communauté de Briançon se trouvait chargée en quartier d'hiver de 17 places de cavalier auxquels il fallait fournir, outre le logement et les

_____

(1) Le vibailli était François de Challiol.

fourrages, 20 sous par jour pour chaque place. L'intendant avait donné l'ordre d'avancer le paiement pour 90 jours et ensuite de payer toujours par avance de dix en dix jours. Cela faisait une somme considérable ; elle devait compter et être comprise sur la taille royale de 1656.

Au mois de mai 1658, la Communauté de Briançon devait encore une grande partie des tailles. L'Intendant prévint les Consuls que s'ils ne payaient pas, ils auraient en quartier d'hiver des compagnies de cavalerie, en pure perte, jusqu'à ce que tout fût payé. »

En janvier 1659, la Ville qui a été chargée de 21 places 3/5 de cavaliers, pour 150 jours, doit 8,240 livres ; le capitaine Lafont les réclame ; il faut aviser aux moyens de se les procurer.

Le 26 juillet de la même année, le Roi, par une lettre de cachet, « demande à la Ville 10 mille livres, pour parvenir à la paix ». Le Conseil conclut qu'il y a lieu de « supplier Sa Majesté d'avoir égard à la pauvreté de cette ville, provenant de la stérilité du terroir, des gelées fréquentes, des surcharges que sa position sur la frontière lui a occasionnées par les passages et séjours presque continuels de troupes, depuis 1628 ; de lui représenter que cette ville la plus petite de la province ne comprend que 17 feux ; que depuis l'incendie de 1624 beaucoup de maisons n'ont pas eté rebâties. »

Dans la réunion du conseil d'administration de l'hôpital de Briançon, du 3 août 1659, le président expose que depuis longtemps le conseil ne s'est pas réuni « à cause des grands logements et quartiers d'hiver ; que l'hôpital est dans un pauvre état, attendu la grande quantité de malades qu'il y a eu durant le passage des armées ; que par les malheurs des guerres et surcharges, dont la présente ville a été accablée, la plupart des rentiers des terres et fonds dudit Hôtel-Dieu ne paient point les rentes ni les tailles desdits fonds, et aucuns d'eux sont devenus insolvables et leur caution aussi ». (Archives de l'hôpital.)

En janvier 1660, six compagnies du régiment d'Auvergne sont logées à Briançon depuis le 6 décembre précédent ; le sieur Benoît, capitaine-major qui les commande, fait sommation aux consuls de lui fournir la subsistance de ces compagnies, soit en argent, soit en nature. Le Conseil conclut que, « pour éviter désordres, il faut ajouter 200 livres aux 2,128 qu'on lui a déjà données, malgré que la Ville ne soit pas tenue à faire ces avances. »

Dans le même mois, l'Escarton de Briançon est obligé de pourvoir pendant un mois « à la subsistance du grand prévôt, des sieurs de Tournelle, Eyraud et la Robinière, commissaires envoyés à Exilles, pour la revue et police des troupes. » La Communauté fait un emprunt de 350 livres sur les habitants et les marchands, pour faire face à cette dépense.

Le 31 janvier, une ordonnance, signée par le 1er Président et par l'Intendant, prescrivait à la communauté de payer aux six compagnies du régiment d'Auvergne 1800 livres, et 500 à l'état-major. Il était donné, dans l'ordonnance, pour le remboursement de ces sommes, « des assignations sur les communautés de l'élection de Gap. »

Au mois de mars, ces six compagnies partirent pour Gap, par suite des démarches du sieur Levacher, commissaire ordinaire des guerres, à qui les Briançonnais firent un présent.

Enfin, le 25 février 1660, les Briançonnais furent heureux de pouvoir faire des feux de joie et des réjouissances publiques, à l'occasion de la publication de la paix des Pyrénées.

Mais leur joie ne fut pas de longue durée. Au mois de novembre 1668, ils envoyèrent une députation à Grenoble pour obtenir du premier Président que les troupes qui devaient aller dans le Parmesan « et qui s'avançaient de la Provence, de la Lorraine et de la Bresse, séjournassent le moins possible dans le Briançonnais, attendu que les récoltes avaient manqué et que le pays n'avait ni grains ni fourrages. »

En janvier et février 1664, il fallut approvisionner l'étape pour « quinze compagnies de cavalerie, seize cents chevaux portant les bagages de l'infanterie qui s'était embarquée, et les valets des officiers allant en Italie (1).

Au mois d'avril suivant, une partie de la cavalerie rentrait en France, et Briançon fournissait l'étape à seize cornettes de cavalerie, à deux régiments d'infanterie, aux officiers réformés des compagnies de cavalerie de Canillac, La Fère, Saint-Loup, Le Roure, Jouy, du Mesnil, Lasserre, Janson, Valavoire et Grimaldi ; aux régiments de cavalerie du roi et du duc d'Orléans et à un régiment de dragons de six compagnies de cent hommes chacune.

Le 26 juin, le consul expose au Conseil « que les soldats de la garnison font journellement de grands désordres aux villages, grangeages et jardins, et menacent d'en faire davantage. Le Conseil conclut de faire des procès-verbaux et de se pourvoir pour les faire contenir. »

(1) Ces troupes étaient celles que Louis XIV envoyait au secours de l'Empereur Léopold, attaqué par les Turcs.

Le 5 mai 1668, la ville fournit l'étape à deux compagnies de carabiniers du roi. Pendant toute l'année 1669, de nombreuses troupes allant à Exilles et à Pignerol ou en revenant, traversent Briançon qui leur fournit l'étape.

***

Guerre de Hollande.

Dès l'année 1670, Louis XIV faisait ses préparatifs pour la guerre de Hollande. Le 15 mai 1671, le Conseil ayant appris que le roi fait lever des troupes en Italie, et que deux mille hommes d'infanterie doivent avoir « quartier d'assemblée en cette ville, conclut qu'un des consuls partira immédiatement pour aller à Grenoble, demander que la Ville soit dispensée de loger ces troupes. Il demandera en même temps de ne pas contribuer aux réparations de la porte basse d'Exilles. »

Le 13 novembre 1671, deux compagnies de cavalerie du prince de Piémont arrivent à Briançon et sont logées chez les habitants.

A cette époque, le bailliage de Briançon se trouvait accablé de dettes. Le 5 décembre 1671, le grand Escarton, réuni, s'occupa des mesures à prendre pour se libérer, aux conditions les moins onéreuses pour la population, profitant, en cela, des arrêts du conseil du roi de février 1666, mars 1668 et avril 1669, qui indiquaient les divers moyens à employer par les communautés pour l'extinction de leurs dettes, et leur laissaient le droit de choisir ceux qui leur paraîtraient les plus commodes.

Le président exposa à l'assemblée que le Bailliage « n'a aucuns deniers d'octroi, ni revenus communs ou patrimoniaux ; que ce pays situé dans des montagnes fort hautes, froides et stériles, éloignées de tout commerce ; composé de petits villages qui ne subsistent que par l'extrême frugalité, les soins et le travail des habitants, obligés d'aller en Italie ou autres pays, durant six mois de l'année, pour gagner leur vie et quelques sols pour le paiement de leurs tailles ; qu'il n'y a non plus ni péages, ni autres droits ; que les seuls biens qui leur restent en commun, consistent en quelques montagnes, la plupart pelées et stériles, et les autres entièrement nécessaires pour nourrir, durant l'été, quelque peu de bétail qui leur fournit le moyen de subsister ; de sorte qu'ils ne pourraient aliéner lesdites montagnes sans se mettre dans la nécessité d'abandonner le pays. D'autre part, qu'il n'y a, dans toute l'étendue du Bailliage, aucunes personnes exemptes, soit gentilshommes, officiers ou autres, pas même les ecclésiastiques, attendu que ce pays a été, de tout temps, cadastré, et, par conséquent, en droit de faire payer la taille à toutes sortes de personnes, de quelque condition et qualité qu'elles soient. En conséquence, l'Assemblée estime que le seul moyen de payer les dettes, sans accabler les habitants, et permettant d'améliorer et de faciliter la levée des deniers de la taille, est celui de l'imposition aux formes accoutumées, et distribution en *escarts*, avec faculté aux cotisés de payer en fonds, conformément au règlement de la Cour du Parlement de 1653, et de l'arrêt du Conseil de 1666, sans quoi les gros cotisés succomberaient toujours par l'impuissance de payer en deniers ; au lieu qu'en remettant aux créanciers partie de leurs fonds de terre, ceux qui leur resteraient seraient francs et mieux cultivés ; d'un autre côté, les créanciers qui sont aisés, faisant chef dans le cadastre, pour le payement des fonds qui leur seraient donnés en payement, en pourraient facilement payer les tailles dont la levée sera ainsi facilitée. »

L'Escarton fait remarquer que si le pays n'a pas succombé sous le poids des charges qu'on lui a imposées, c'est grâce à son organisation fédérative. « Le pays Briançonnais, est-il dit, jouit d'une administration toute différente de celle du reste de la Province. Cette administration a fait le salut des communautés pendant les foules et surcharges extraordinaires que la situation frontière leur a attirées, pendant les longues années de guerre. Ledit pays étant composé de cinq vallées (les cinq Escartons), les communautés de chacune d'icelles ont toujours conservé union, pour le régalement de toutes les foules et dépenses communes, de façon que celle qui se trouvait souffrir par logement de gens de guerre ou autrement a toujours été secourue par ses voisines. »

Au mois de septembre 1681, passèrent à Briançon, plusieurs régiments d'infanterie et de cavalerie, se rendant à Pignerol et à Casal, sous les ordres du marquis de Boufflers ; il fallut leur fournir l'étape.

Guerre contre les Barbets. — Ligue d'Augsbourg. — Guerre contre le duc de Savoie.

En 1686, les passages et les séjours de troupes recommencèrent et se continuèrent pendant plusieurs années, à l'occasion de la guerre contre les Barbets

4

ou Vaudois du Piémont, et ensuite contre le duc de Savoie qui, en 1690, finit par s'allier aux Impériaux et aux Espagnols, en entrant dans la ligue d'Augsbourg.

Dès le mois de février 1686, Catinat, gouverneur de Casal, reçut ordre de prêter main-forte au duc de Savoie, pour réduire les Vaudois révoltés. Quelques régiments qui devaient se joindre à ceux tirés des garnisons de Casal et de Pignerol lui furent envoyés de France. M. de Saint-Ruhe qui commandait en Dauphiné reçut ordre de faire avancer des troupes à Briançon et il s'y rendait lui-même, dans le courant du mois de mars. Il envoya quelques compagnies dans le Pragelas et dans le Queyras, pour y tenir en respect les nouveaux convertis et les empêcher de porter secours aux Vaudois.

Au mois de juin, le comte de Tessé était à Briançon, avec de nombreuses troupes et envoyait aussi dans le Queyras et dans le Pragelas des détachements, chargés de garder tous les cols par lesquels les Vaudois fugitifs auraient pu pénétrer en France.

Au mois de mai 1689, ordre de l'Intendant de fournir le pain à huit compagnies du régiment de Bourgogne « en quartier dans Briançon, avec tout ce qui est nécessaire pour leur corps de garde établi à la *Cime de Vi.le* » ordre aussi de meubler le Château, suivant l'ordonnance, pour la compagnie qui vient y tenir garnison.

Au mois de juillet, six compagnies de cavalerie arrivent à Briançon, et doivent s'y arrêter, en attendant les ordres du marquis de Larray; pouvoir est donné aux Consuls de faire « les recherches nécessaires dans toutes les maisons, et de se porter dans toutes les communautés de l'Escarton, pour avoir des fourrages et de l'avoine. »

Au mois d'août, le marquis de Larray, à la nouvelle que les Vaudois, réfugiés en Suisse, étaient en marche pour rentrer dans leurs vallées, réunit des troupes à Salbertrand, pour s'opposer à leur passage. Ces troupes furent culbutées, malgré leur supériorité numérique et laissèrent le lieu du combat jonché de morts et de blessés. Ceux-ci furent transportés à l'hôpital de Briançon. M. de Larray, blessé au bras, ne pouvait se consoler d'avoir été obligé « de prendre la fuite devant une poignée de paysans. »

Pendant les mois de septembre et d'octobre, la lutte continua contre les Barbets, et les populations Briançonnaises furent obligées non seulement de pourvoir au logement et à la subsistance des troupes, mais encore de se tenir constamment sous les armes, pour se garantir de l'invasion et du pillage qui était l'unique ressource de leurs farouches voisins.

Au mois de septembre, ordre de l'Intendant de faire réparer les fortifications du Château et de la Ville de Briançon, suivant le devis dressé par M. d'Angrogne, ingénieur du roi pour les places fortes du Dauphiné. La Communauté se soumit à faire ces réparations, et les autres communautés de l'Escarton promirent de fournir la moitié de la dépense.

Au mois de juin 1690, M. d'Angrogne, jugeant ces réparations insuffisantes, présenta un nouveau devis qui exigeait des dépenses beaucoup plus considérables. « Les habitants réunis, ouie la lecture dudit devis et de l'ordonnance de M. Jean Alloys, subdélégué », trouvèrent ces dépenses au-dessus de leurs ressources, disant « qu'ils se trouvent dénués de denrées, de fourrages et de bestiaux; qu'il n'y a pas d'ouvriers présentement dans la Ville, ni dans le voisinage; qu'ils ne trouvent pas d'entrepreneurs ; que leur pauvreté est extrême, à cause des grands passages de troupes qu'ils ont soufferts, et le logement actuel qu'ils ont encore ; qu'il leur est impossible de faire exécuter le devis. » Cependant pour marquer la bonne intention où ils sont de contribuer de tout leur pouvoir à cette entreprise, ils font « offre et soumission que tous les habitants travailleront autant qu'il leur sera possible pour accélérer les ouvrages, s'il plait à sa Majesté et à Mgr. l'Intendant de leur donner quelque moyen de vivre et subsister pendant ledit travail. »

Dans la réunion du Conseil du 2 octobre 1689, les consuls exposent que « la compagnie de Castres et de Roche de cette ville est en quartier, de par l'ordre de M. de Bachevilliers, au camp d'Oulx, dès le 27 du mois passé ; qu'ils ont fourni au capitaine vingt livres de poudre, vingt et une livres de plomb en balles, de l'argent à ceux qui en ont voulu, le jour du départ ; qu'ils leur ont envoyé deux charges de pain et de l'argent pour distribuer aux soldats de ladite compagnie. »

Au mois de janvier 1690, les soldats de la milice ne veulent pas se contenter « des deux sols par jour que le Roy leur fait payer » et demandent à la Communauté d'augmenter leur solde.

Pendant les premiers mois de cette année 1690, les troupes avec lesquelles Catinat devait agir, d'abord contre les Barbets, retranchés an poste des *Quatre-Dents*, et ensuite contre les Espagnols, dans le Milanais, arrivaient par détachements successifs dans le Briançonnais, et se dirigeaient sur Turin, Suze et Pignerol.

Au mois d'avril, M. de Larray demande à l'Escarton de Briançon trois cents hommes, dont cinquante-deux pour la ville. Les consuls sont autorisés par le Conseil « à payer à chacun de°ces hommes, pour leur *donner mieux courage* de marcher où besoin sera, quinze sols par jour qui seront alloués dans le compte des consuls. » Ces miliciens devaient se joindre à d'autres troupes pour garder tous les passages des vallées françaises du Pragelas et du Queyras par lesquels les Barbets auraient pu s'échapper.

Dans le même mois, Catinat se disposant à attaquer le poste des Quatre-Dents, mit en réquisition 1,400 paysans briançonnais, pour ouvrir les chemins et porter des vivres (1).

Le 8 juin, les Barbets envahirent le Queyras, s'avancèrent jusqu'à Abriès, et le brûlèrent après l'avoir pillé. Le duc de Savoie venait de lever le masque et de s'unir aux ennemis de la France.

Dans ce même mois, ordre de l'Intendant aux communautés de Briançon, du Monêtier, de Césanne « d'établir incessamment quatre chevaux de poste convenablement enharnachés, en chaque lieu, pour porter les dépêches qui seront envoyées de la Cour à l'armée d'Italie ou de l'armée à la Cour. Ces communautés s'exposeraient à de rigoureux châtiments, si le 10 de ce mois elles n'avaient pas ces chevaux prêts. »

Le 26 septembre, les consuls de Briançon déclarent que les habitants sont dans l'impossibilité de continuer les fournitures aux troupes qui passent chaque jour, « n'ayant ni pain, ni viande, ni argent, et qu'il serait nécessaire de se pourvoir pour obtenir remboursement des avances qu'ils ont faites jusqu'à ce jour. »

---

(1) H. Arnaud, *Hist. de la glorieuse rentrée.*

Le 12 juillet, arrivait à Molines le régiment de Montigny (13 compagnies). Le 14 septembre, cette commune était traversée par 200 hommes conduisant des munitions à Château-Dauphin ; elle était pillée le 14 novembre par les Barbets qui lui enlevèrent 15 mulets, 24 vaches et 200 bêtes à laine (1 .

Le 23 novembre, les consuls de Briançon exposent au Conseil « que depuis le 14 du mois passé, on a établi un hôpital hors de la ville, dans la grange du sieur Disdier ; qu'on y a reçu des malades, venant de l'armée d'Italie, auxquels on a fourni tout ce qui leur était nécessaire ; qu'on y a mis quatre personnes pour les servir ; qu'on a fait porter, de communauté en communauté, ceux qui ne pouvaient pas marcher. » Ils prient le Conseil d'approuver les dépenses qui se montent déjà à onze cents livres.

La grange du sieur Disdier n'était qu'une succursale de l'hôpital de la ville qui regorgeait de soldats malades, et dans lequel on avait été obligé d'adjoindre plusieurs infirmières à celle qui suffisait seule pour le service, en temps ordinaire.

Dans le courant du même mois de novembre, les consuls se rendirent à Suze pour présenter leurs respects à Catinat, « lequel leur dit qu'il irait passer l'hiver à Briançon et prendrait logement chez le Vibailli ; qu'il aurait besoin de vingt lits, priant la Ville d'y pourvoir. »

Le 30 novembre, ordre de l'Intendant de fournir dix-huit bêtes de somme pour aller à Pignerol « quérir des malades et les porter à Grenoble. » On reçoit avis en même temps que le régiment de cavalerie de Mauroy arrivera incessamment à Briançon.

(1) Manuscrits de Molines ou Transitons.

Le 11 mars 1691, communication de l'ordonnance de l'Intendant, du 6 février, portant que les communautés de l'Escarton procéderont à la répartition des denrées et fourrages nécessaires pour la subsistance des troupes qui passent journellement, pour celles qui doivent passer au printemps pour aller en Italie, et pour la nourriture des voituriers et des bêtes voiturant les munitions de l'armée. » Chaque communauté devait porter sa quote-part de denrées et fourrages dans les magasins de Briançon. « Comme il n'y a point de vignes dans cet Escarton, disait l'ordonnance, le vin sera fourni : 250 charges par la communauté de Rémollon; 100 par celle de Théus. 100 par celle de Châteauroux, et 50 par celle de Saint-Crépin. Ce vin sera voituré par les soins et aux frais des habitants de l'Escarton et payé comptant dans lesdits lieux qui le doivent fournir, à raison de 9 livres 10 sols la charge. »

Le 30 mars 1691, les Barbets pillèrent les villages de la commune de Ristolas, brûlèrent plusieurs maisons et y tuèrent plusieurs personnes. Ils y retournèrent au mois de juin suivant et s'y livrèrent aux mêmes excès.

Au mois d'août et de septembre, les villages de Costeroux, Fontgillarde et Pierre-Grosse, situés au pied de la montagne de l'Agnel, furent aussi envahis et pillés. (1).

Vers la fin du mois de juillet 1692, une partie des troupes que nous avions du côté de Suze et de Pignerol passèrent le Mont-Genèvre, se dirigeant sur Embrun, sous la conduite de M. de Larray. Elles campèrent près de Briançon qui leur fournit toutes les choses nécessaires.

(1) Transitons.

Le 15 août, les consuls de Briançon font au Conseil le rapport suivant : « En considération de la guerre avec son altesse de Savoye, et pour la sûreté de cette place, les ingénieurs de Sa Majesté, disant avoir ordre, ont fait démolir le clocher de la paroisse qui, par suite, a détruit une partie de la nef et tout le presbytère de ladite église. Nous avons fait, à ce sujet, des remontrances à Mgr Bouchu, intendant ; il a répondu qu'il ne fallait pas seulement faire démolir le clocher et le presbytère, mais encore toute la nef, et saper le tout jusqu'aux fondements, de manière qu'il ne restât pas vestiges de murs, et qu'il avait ordonné auxdits ingénieurs d'y faire incessamment travailler. »

Pendant que l'armée du duc de Savoie envahissait le Dauphiné par la vallée de Barcelonnette et le col de Vars, les Barbets et les réfugiés français, sous les ordres du comte de Schomberg, se répandaient dans le Queyras par la vallée du Guil. Le 3 août, ils campaient à Ville-Vieille, et le lendemain ils faisaient sommer M. de Lesches, commandant du fort Queyras, de se rendre. La fière contenance du brave commandant, et l'approche des troupes de Catinat, venant de Briançon par le col de Péas, les obligèrent de décamper. Ils se dirigèrent sur Ceillac, par le col de Fromage, et allèrent rejoindre l'armée qui assiégeait Embrun.

Quelques détachements avaient passé par le col Agnel ; le 7 août, 500 hommes étaient à Molines où tout leur fut livré à discrétion. Pendant tout ce mois et une partie du mois de septembre, ils traversèrent cette commune par bandes successives, pillant et ravageant tout.

En 1693, des troupes occupaient toutes les communautés voisines des vallées vaudoises. Du 1er juin au

14 octobre, Molines avait six compagnies dont les officiers faisaient manger les blés et les foins par leurs chevaux. Quatorze maisons furent incendiées au Serre de Molines, le 8 mai, et huit le 2 octobre. Toujours l'incendie était le résultat de la négligence ou de la méchanceté des soldats.

Le 20 décembre arrivèrent à Molines sept compagnies et l'état-major du régiment de Sault ; elles y restèrent jusqu'au 15 mars suivant.

En 1694, les Barbets envahirent de nouveau le Queyras ; ils pillèrent Ristolas, Abriès, Aiguilles et s'avancèrent par le col Isoard et Cervières jusqu'au Villard-Saint-Pancrace. Chargés de butin, ils reprirent le même chemin pour rentrer dans leurs vallées. (1). Le 27 septembre, une autre bande pillait Gaudissard, village de la commune de Molines.

De 1692 à 1697, les communes du Queyras furent obligées de payer au duc de Savoie 41,000 livres de contributions de guerre qu'elles étaient obligées de faire porter à Luserne (2).

Le 9 mars 1694, ordre de l'Intendant « de garnir incessamment les magasins et les lieux d'étape (Briançon, le Villard, Saint-Martin, le Monêtier) à peine d'être responsables du retardement du service du Roy ; attendu qu'il y a pénurie de toutes sortes de denrées, par suite de la consommation faite par les troupes qui ont passé l'hiver dans ce pays, les consuls et habitants de toutes les autres communautés du Bailliage sont requis d'aider les lieux d'étape de leurs denrées et de leurs deniers. »

Dans la réunion de l'Escarton du 18 mars, il fut dé-

(1) Muston, *Hist. des Vaudois du Piémont, t. III.*
(2) Transitons ou manuscrits de Molines.

cidé que chaque communauté contribuerait à fournir
le mobilier des casernes et le bois de chauffage pour
les six compagnies du régiment de Dugast qui vien-
nent relever le régiment de Touraine, logé en quartier
dans la Ville, à La Salle, à Saint-Chaffrey, au Mont-
Genèvre et aux deux Puys, les casernes n'ayant point
de mobilier.

Au mois de mai, ordre de fournir un logement à
M. Ducrey, brigadier des armées du roi, et commandant l'artillerie de l'armée d'Italie, de faire préparer
les choses nécessaires pour cinq ou six bataillons qui
viendront camper près de Briançon.

L'Escarton dans sa réunion du 6 mai 1695, considérant que les communautés sont obligées d'envoyer un
grand nombre d'hommes dans les montagnes, pour
empêcher l'invasion de l'ennemi ; que ces hommes
sont exposés à la rigueur du temps et à être faits prisonniers, décide qu'on fera construire trois redoutes :
une aux Ayes, une au col Isoard et l'autre au Bourget, et que ce travail sera donné aux enchères. »

L'année 1695 se passa en négociations ; toutefois,
les troupes étaient toujours cantonnées dans les communautés briançonnaises et dans les villages de la
frontière exposés aux ravages de l'ennemi. Le 5 août,
300 Barbets traversaient Molines sous les ordres du
capitaine Mondon ; ils se firent héberger et levèrent
des contributions sur les habitants. Le 22 septembre,
cette pauvre commune était encore pillée par une
bande de ces brigands.

Au mois d'avril 1696, ordre de l'Intendant à la commune de Briançon « de porter dans les magasins 738
quintaux de foin, 495 setiers d'avoine, 144 setiers
méteil, dont 96 seront convertis en pain et le surplus
porté à Saint-Martin ; 126 charges de vin, dont 13 se-

ront portées à Saint-Martin : 126 quintaux de viande
dont 13 seront portés à Saint-Martin : de plus, la Ville
fournira pour les chevaux de la poste qui y est établie,
180 quintaux foin, à 30 sols le quintal ; 600 boisseaux
avoine, à 12 sols le boisseau ; 3 600 bottes de paille
pesant dix livres chacune ; 3,600 perches, 3,600 piquets et 1,200 bûches de bois à brûler »

Le 7 juillet, nouveau pillage de Fontgillarde par
les Barbets.

Au mois d'octobre, ordre de porter dans les magasins de Briançon « 1339 quintaux foin, 2400 bottes
paille, 894 setiers avoine, 120 setiers méteil, 100 charges de vin et 100 quintaux de viande pour être distribués aux gens d'armes qui camperont sous Briançon, à leur retour du Piémont. » Le duc de Savoie
venait de demander et d'obtenir la paix.

Le 5 mai 1697, la communauté de Molines donna
100 livres à M. de Baratier pour être déchargée du
logement d'une compagnie. Cette communauté eut à
fournir 104 fascines et 208 piquets pour le fort Queyras ; les autres communautés de la vallée fournirent
chacune leur quote-part.

Au mois d'août 1697, ordre aux communautés du
Bailliage « de faire voiturer, à leurs frais, quatre mille
quintaux d'avoine à Grenoble et deux mille au Bourg-
d'Oisans, » ce qui faisait pour Briançon, d'après la
répartition de M. du Prat, subdélégué, 232 quintaux
au Bourg-d'Oisans et 166 quintaux à Grenoble.

Le 26 avril 1699, le consul dit que la ville est entièrement remplie de troupes, et qu'on ne peut loger
celles de passage que dans les villages de la Tierce.

***

Guerre de la Succession d'Espagne.

En 1701, le Briançonnais fut, de nouveau traversé par des troupes nombreuses, à l'occasion de la guerre de la Succession d'Espagne.

Le 14 janvier, l'Intendant donne avis que le régiment Sibourd, cavalerie, arrivera à Briançon le 12 février, et le régiment de Fimarson, dragons, le 19 et le 20; que ces régiments y séjourneront, en attendant l'ordre de passer en Piémont; on fournira 20 livres de foin et 2 tiers de boisseau d'avoine, par jour, à chaque cavalier. Le régiment de la Bourre (1) qui est à Césanne passera prochainement; les communautés fourniront ce qui est nécessaire, après répartition par feux.

Le 9 mai, arrivent à Briançon les deux régiments de cavalerie, cuirassiers et dragons d'Estrade et de Villiers.

Le 22 mars 1702, les commissaires d'artillerie qui sont à Briançon pour faire conduire « ladite artillerie dans le Milanais, requièrent les Consuls de faire rompre trois ou quatre toises de rochers au pas des Mures pour permettre le passage des canons et des pontons. »

Le 17 janvier 1703, le duc de Vendôme, commandant les armées du roi, en Italie, ordonna de « faire

_____

(1) C'était un régiment de milices, ainsi appelé à cause du vêtement de toile grossière que portaient les soldats.

voiturer de Briançon à Turin 300 quintaux de poudre et 300 quintaux de plomb, à raison de quatre livres par quintal. » Comme on ne trouvait point de voiturier à ce prix, à cause de la mauvaise saison, le Conseil décida que « pour ne pas retarder le service du Roy, la communauté paierait aux voituriers dix sols de plus par quintal. »

On reçut, en même temps, l'ordre de préparer l'étape pour le régiment de Vienne, cavalerie, pour celui de Fimarson, dragons qui rentraient en France; pour 17,500 hommes d'infanterie et 2,500 de cavalerie, plusieurs chevaux de remonte et les équipages qui devaient entrer en Italie, avant le 1er mars et auraient séjour à Briançon.

En janvier 1704, l'Escarton porte dans les comptes les dépenses faites par le marquis de La Fare, commandant des troupes dans le Haut-Dauphiné, et qui est à Briançon depuis le 4 novembre dernier, avec son équipage et s'est fait fournir un logement et des chevaux, pour deux voyages en Pragelas et en Queyras. Ces vallées étaient occupées par des troupes, chargées de repousser les Barbets qui, nous l'avons déjà vu, venaient fréquemment les piller et les mettre à contribution.

En 1704, les troupes françaises qui allaient faire le siège de Suze passèrent par Briançon. Après la prise de Suze, le duc de La Feuillade voulant tenter la conquête des vallées Vaudoises, divisa ses troupes en plusieurs colonnes qui occupèrent une grande partie du Briançonnais. Une de ces colonnes, commandée par M. de La Para, se dirigea par les montagnes, de Césanne sur Abriès, et alla camper, le 26 juin à Ristolas, le 27 au Pra. Le 3 juillet, elle rebroussa chemin et resta jusqu'au 6 à Ristolas. Les dommages causés par ces troupes furent considérables ; on les estima 2,400 livres, pour la seule commune de Ristolas (1).

De nombreux détachements passèrent ou séjournèrent à Molines, pendant l'année 1705 ; ses habitants furent obligés de monter la garde, depuis le 3 juin jusqu'à la fin de la campagne.

Le 12 décembre 1705, ordre de l'Intendant au Bailliage de fournir à Suze trente mille rations de foin, dont 9,979 pour le compte de la vallée du Queyras.

En mai 1706, la communauté de Briançon fut obligée de fournir, pour l'armée, 36 mulets avec muletiers. En septembre, ordre aux Consuls de Briançon « de fournir, dans les 24 heures, 18 mulets, pour porter les munitions de guerre qui sont en cette ville, dans celle de Suze, à peine de logement de brigades et d'emprisonnement de leurs personnes. » Le 3 et le 7 octobre, ordre à la communauté de Briançon « de voiturer à Suze 144 quintaux de farine ou de grains. » Les Consuls n'ayant pu satisfaire à cette réquisition, le subdélégué Duprat leur envoya une brigade composée d'un sergent et de deux soldats qui furent taxés à 3 livres 10 sols par jour.

Pendant cette année 1706, les troupes françaises qui faisaient le siège de Turin, battues par le prince Eugène, se replièrent sur Pignerol. N'y trouvant pas de quoi subsister, elles se répandirent dans les vallées de la Doire et du Cluson, qui en éprouvèrent de grands dommages.

Au mois de janvier 1708, l'Escarton députa Jean Turcon et Joseph Monnier, notaire de La Salle, munis d'une recommandation de l'Intendant, pour aller à Paris

(1) Transitons.

solliciter auprès de M. de Chamillart « le paiement des fonds de l'étape des années 1705, 1706, 1707. » Ils devaient lui représenter « que les surcharges de l'Escarton pendant cette dernière guerre avaient réduit les habitants à la misère; qu'entièrement occupés du service du Roy, ils n'avaient pu faire aucun commerce; qu'ils avaient constamment fait la garde sur les montagnes frontières, pour repousser l'invasion des Barbets, sans aucune solde, sauf quelques uns d'entre eux qui avaient reçu le pain de munition; que les communautés avaient été obligées de leur fournir la poudre et le plomb; que les habitants de Briançon pendant toutes ces années avaient gardé leurs portes; que l'on a violé à leur égard plusieurs articles de la Charte de 1343; ils devaient ajouter enfin que dans les mois d'octobre 1706, juin 1707, des inondations avaient emporté des maisons et des fonds taillables (1) qui ne pourraient jamais être remis en culture : et demander, par conséquent, l'exemption de la capitation et le déchargement de la taille. »

Pendant l'année 1708, l'armée française, commandée par le maréchal de Villars, occupa le Briançonnais. Le maréchal était à Briançon, le 6 juillet; il avait son quartier général à Oulx. De là, croyant que l'ennemi marchait sur la vallée de l'Isère, par la Maurienne, il se porta brusquement sur Barraux avec la plus grande partie de ses troupes; mais il fut bientôt obligé de les ramener dans le Briançonnais qui était sérieusement menacé. Il arrive à Briançon le 8

_____

(1) Les inondations de 1707 avaient emporté la plus grande partie des maisons du Fontenil, et plusieurs propriétés à la Ribière.

août et s'y arrête deux jours, avec son quartier général, comprenant 8 lieutenants-généraux, 10 maréchaux de camp, 12 brigadiers, un intendant, un major-général, un maréchal des logis général, un commissaire des guerres, 4 ingénieurs, le fourrier de l'armée, l'aide maréchal des logis, etc. Le 1 , il marche contre les Piémontais qui, venus de la Maurienne, par la vallée de Bardonnêche et le Val-des-Prés, s'étaient établis sur le Mont-Genèvre et à Césanne. Il les culbuta, s'empara de Césanne, occupa de nouveau Oulx et ses environs, mais ne put empêcher Exilles et Fénestrelles de tomber en leur pouvoir.

Du 11 novembre 1708, jusqu'au 16 mai 1709, dix compagnies du régiment de Flandre passèrent leur quartier d'hiver à Molines.

De 1709 à 1713, l'armée française, commandée par le maréchal de Berwick, s'étendait de Genève à Antibes. Un camp retranché, établi à Briançon, était le centre de tous les mouvements. De là, les troupes se portaient dans toutes les directions, suivant les besoins. Tous les passages des montagnes briançonnaises étaient gardés par des détachements stationnés dans les vallées du Monêtier, de Névache, de Cervières et du Queyras; l'un de ces détachements occupait le camp de Roux, entre Arvieux et le fort Queyras. Berwick établit plusieurs fois son quartier général à Guillestre.

Les vallées d'Oulx, de Césanne et de Château-Dauphin étaient au pouvoir de l'ennemi qui, de là, menaçait Briançon et le fort Queyras.

En novembre 1709, ordre du comte de Dillon, lieutenant-général, commandant à Briançon « de fournir la soupe aux soldats, logés en quartier d'hiver chez les habitants, et de payer un sol par jour à chaque soldat, logé dans les casernes.

Dix compagnies du régiment de Vermandois prirent leur quartier d'hiver à Molines, jusqu'au 25 mai
1710.

En 1710, ordre à la communauté de Briançon de
ournir 22 quintaux de foin, par mois, à partir du 1er
janvier ; ordre de faire porter deux cuviers à la redoute supérieure de la Pinée (1) et de fournir quatre
bêtes par jour, pour y porter de l'eau dans des peaux
de bouc.

Au mois d'août de la même année, par ordre du
maréchal de Berwick, plusieurs bataillons allèrent
camper près de Briançon, savoir : deux de Berwick,
un de Bourk, un de Dillon, deux de la Chesnelaye,
deux de Soissonnais, outre ceux qui campèrent sous
les Têtes, à Font-Christiane et au Randouillet, savoir :
trois de Normandie, trois de la Marine, Royal artillerie, un de Périgord, un de Valois, un d'Albi-
geois, deux de Beauvoisis ; à La Vachette, deux de
Beaujolais, et celui des fusiliers de montagne aux Alberts.

Pendant les mois de juillet et d'août, M. d'An-
dourne, général Piémontais, qui occupe le col de
Longet, se fait fournir par les communes de Molines
et de Saint-Véran, du vin et des moutons ; un détachement de ses troupes pille ces villages.

Le 9 septembre, M. de Cadrieu, allant à San-Peyre,
loge à Molines avec 600 hommes. Du 10 novembre au
14 mai 1711, dix compagnies du régiment de Gati-
nais passent leur quartier d'hiver dans cette commune.

En janvier 1711, ordre à l'Escarton de Briançon de

_____

(1) Forêt au nord de Briançon, au-dessus de la route
de Grenoble.

fournir quarante mille rations de foin, et quatre-vingt mille cercles de bois.

Au mois de mai, on reçoit avis à Briançon que l'armée s'avance et que « le 15 de ce mois, il y aura 15 bataillons d'arrivés, pour faire travailler aux Têtes, et au Randouillet (1). Ces soldats seront cantonnés et on leur fournira du bois pour le chauffage et la cuisine, et de la paille pour les coucher. » Au mois de septembre, ordre de M. d'Asfeld « de faire assembler les milices de l'Escarton, et de commander cent hommes pour la garde du Mont-Genèvre. » La communauté de Briançon devait fournir le capitaine et quinze hommes qui « outre le pain et ce qu'ils avaient du Roy, toucheraient cinq sols par jour. »

Du 4 novembre 1711 au 1er juin 1712, sept compagnies du régiment de Blaisois prirent leur quartier d'hiver à Molines.

Au mois de juin 1712, Berwick sachant qu'on traitait de la paix et que le roi était disposé à céder les vallées situées au-delà des Alpes, passa le Mont-Genèvre avec ses troupes, et alla camper au Sauze-d'Oulx, afin de les faire subsister au dépens du pays qu'on devait céder au Piémont.

Le 12 juillet, vingt escadrons arrivèrent à Briançon, au grand étonnement de l'infanterie et de la population qui n'avait jamais vu autant de cavaliers (2).

Au mois de septembre 1712, Berwick partit de Briançon avec ses troupes, pour aller dans le Queyras, par les cols d'Isoard et des Ayes. Le 8, l'armée était à Molines où logea le quartier général. Dix mille

---

(1) On commençait la construction de ces forts.
(2) Mémoires de Berwick.

hommes de cavalerie campèrent au mas de la Chi-
rouse, six bataillons à Pierre-Grosse où ils restèrent
jusqu'au 16 ; cinq bataillons allèrent à Costeroux (1).

Ces troupes ravagèrent les récoltes et les forêts ;
un camp fut formé au col Vieux et les habitants de
Molines étaient obligés d'y transporter du bois, pour
le chauffage.

Le 14 et le 15 du même mois, plusieurs garnisaires furent envoyés dans la communauté de Molines,
pour la punir de n'avoir pas fourni tout ce qu'on lui
demandait. Elle était probablement dans l'impossibilité de le faire. Elle eut encore en quartier d'hiver,
du 10 novembre 1712 au 10 mai 1713, sept compagnies du régiment de Damas.

En janvier 1713, ordre de fournir, pour la campagne prochaine « foin, paille et bois ». La part de
Briançon était de quatre mille rations de foin, cinq
mille cercles de bois, trois cents quintaux de paille,
plus huit rations de fourrage par jour, pour les chevaux du régiment du Périgord qui est dans la ville et
une ration par jour pour les chevaux du régiment
d'Angoumois, en quartier à Foresville.

Enfin la guerre se termina par le traité d'Utrecht
(11 avril 1713), dont les conditions furent très dures
pour la France, et surtout pour le Briançonnais auquel on enleva les deux tiers de son territoire pour
les céder au Piémont. Néanmoins, la guerre avait
tellement désolé ce pays que les habitants n'hésitè-
rent pas à célébrer, par un feu de joie, la publication
de la paix (2).

---

(1) Ce village n'existe plus ; il était au-dessus de Fontgillarde.

(2) Archives de Briançon.

La construction des forts de Briançon vint encore imposer de nouvelles charges aux populations. Au mois de juin 1722, les communautés eurent à fournir bois et paille pour les baraques à construire aux Têtes, et qui devaient servir au logement des troupes travaillant aux fortifications. Au mois de janvier suivant, il fut décidé qne cinq bataillons iraient travailler aux Têtes et au Randouillet et que les officiers seraient logés dans la ville et dans les hameaux de Fontenil, Font-Christiane, Pont-de-Cervières et Sainte-Catherine, aux frais de l'Escarton, sur le pied de ceux qui étaient en garnison.

Guerre de la Succession d'Autriche.

La guerre de la Succession d'Autriche se poursuivait depuis deux ans, lorsque l'infant d'Espagne don Philippe, revendiquant les droits de sa mère sur les duchés de Parme et de Plaisance, tenta dans le mois d'août 1742, de pénétrer en Piémont par la vallée de Barcelonnette, à la tête d'une armée espagnole. Sa tentative n'ayant pas réussi, il passa par Vars, Guillestre et le Briançonnais pour aller en Savoie, où cette armée prit son quartier d'hiver. L'invasion du Piémont, de ce côté, ne lui réussit pas mieux. C'est alors qu'il eut la malheureuse idée de rentrer dans le Briançonnais et de traverser le Queyras, pour franchir le col Agnel, au moment où la mauvaise saison commençait dans ces montagnes.

En septembre 1743, le Conseil de Briançon vota les

dépenses à faire « pour la réception de l'infant don Philippe et de M. de Marcieu , lieutenant général, commandant la province. »

Au mois d'octobre, ordre de l'Intendant à l'Escarton de fournir 300 mulets avec muletiers, pour l'armée de don Philippe et de voiturer, de Briançon à St-Véran, 3,600 rations de pain.

C'est dans ce mois d'octobre que cette armée, composée de quarante ou cinquante mille hommes, passa par le Queyras et campa à Molines. Après avoir franchi le col Agnel, elle fut battue au château de Pont et obligée de repasser la montagne, avec le froid et la neige, laissant huit mille hommes sur le champ de bataille, et quinze cents morts de faim et de froid, dans la montagne de l'Agnel. Les communes de Molines et de St-Véran eurent énormément à souffrir du passage de cette armée qui, par surcroît de malheur, sema partout, en se retirant, des maladies contagieuses (1).

L'année suivante (1744), don Philippe pénétra en Piémont par la vallée de Barcelonnette et mit le siège devant Démont. Les habitants du Queyras furent obligés « de transporter des boulets de canons de Mont-Dauphin à St-Paul, et des farines de Guillestre à Démont » (2).

Pendant le siège de Démont, un corps de troupes venu de Guillestre par Ceillac, arriva à Molines par le col de Fromage, franchit la montagne de l'Agnel, et tombant brusquement sur les retranchements du Château de Pont, les enleva aux Piémontais qui prirent la fuite. Les communes de Molines et de St-

(1) Transitons.
(2) Ibid.

Véran furent obligées de faire le transport des farines
pour ces troupes campées à Belins, et qui, au bout de
quelque temps, allèrent rejoindre l'armée de don
Philippe et du prince de Conti à Coni (1).

Au mois d'août 1744, ordre de « voiturer des grains
et des fourrages de Briançon à Guillestre et à Vars,
de fournir 300 voitures pour transporter des farines
des magasins de Briançon à Guillestre et à St-Paul. »
En même temps, le commissaire des guerres demandait aux communes du Briançonnais 200 quintaux de
foins et 300 quintaux de farines « attendu qu'à Guillestre il ne se trouvait plus ni un sac de farine, ni une
livre de foin. »

Au mois d'octobre, ordre de réquisitionner toutes
les bêtes de somme du Briançonnais, pour voiturer
de Guillestre à Démont des farines pour l'armée qui
était sur le point de manquer de pain. Des soldats
payés par les communes « étaient chargés de faire
éxécuter ces ordres, même de force. » On payait huit
livres par quintal de Briançon à Démont.

Le 15 octobre, 2,500 hommes tant Espagnols que
Français, sous les ordres de M. de Villalba, passèrent
à Molines, pour aller lever des contributions dans la
vallée piémontaise de Château-Dauphin. Le mauvais
temps les ayant empêchés de passer le col Agnel, ils
séjournèrent plusieurs jours dans les villages de
Fontgillarde et de Costeroux « auxquels ils portèrent
un grand dommage. »

L'an 1745, un corps d'armée arriva à Briançon,
passa le Mont-Genèvre et s'avança jusqu'à Salbertrand
et Exilles. L'artillerie resta à Ste-Catherine sous
Briançon. Toutes les communautés du Bailliage furent

(1) Transitons.

requises de transporter les farines et les munitions, et de faire des corvées pour ouvrir la route de Briançon à Salbertrand. Il y avait à ces corvées cinq mille personnes, tant du Queyras que du reste du Briançonnais. Lorsque le chemin fut praticable, l'artillerie et les munitions y passèrent pour aller faire le siège d'Exilles. « Etant aux environs d'Exilles, disent les manuscrits de Molines, on nous faisait porter des fascines sur le dos, et nous étions exposés au danger des coups de canons qui partaient de temps en temps dudit château d'Exilles. »

La garnison d'Exilles ayant reçu des secours, l'armée française leva le siège et rentra en partie dans le Briançonnais et en partie en Savoie ; l'artillerie revint à Briançon (1).

Le 27 juillet 1744, ordonnance du capitaine Rouzier, commandant des milices Vaudoises, qui exige, des communes de la vallée du Queyras et de celles de Cervières, de Ceillac et de Vars, une contribution de guerre de 32,000 livres tous les quatre mois, sous peine d'être pillées, brûlées et livrées à toutes les rigueurs de la guerre. Cette contribution fut portée à Bobi. Cela n'empêcha pas le même Rouzier d'entrer en Queyras, par le col La Croix, le 6 août suivant, avec ses compagnies de Barbets et de s'avancer en pillant jusqu'à Aiguilles, où il fut arrêté par un détachement du régiment de Béziers qui lui abandonna un grand nombre de prisonniers. Quoique les contributions exigées par le capitaine Rouzier lui fussent payées régulièrement, ses Vaudois rodaient continuellement dans les montagnes et les pauvres habitants du Queyras étaient dans de continuelles alarmes.

---

(1) Transitons.

On songea alors à faire un camp retranché au col Vieux pour y loger le régiment de Béziers. Toutes les communes du Queyras furent obligées de travailler en corvée, pendant une vingtaine de jours, pour l'établissement de ce camp (1).

En 1745, le capitaine Rouzier, leva de nouvelles contributions de guerre sur les habitants du Queyras. Barthélemi Blanc, de Molines, ayant été délégué pour aller lui demander un délai, fut retenu prisonnier jusqu'à parfait paiement (2).

En 1747, le même Rouzier vint camper, avec ses Vaudois, à Pra-Roubaud près d'Abriès, et se fit payer de nouvelles contributions de guerre (3).

En 1746, les Autrichiens et les Piémontais menaçaient la Provence. Dans le mois de décembre, ordre de transporter du foin d'Embrun à Castellane; la communauté de Briançon devait en transporter 80 quintaux, et fournir 24 mulets et huit muletiers.

Dans le mois de mai 1747, les communautés briançonnaises furent requises de fournir 1200 quintaux de foin et autant de paille dans les magasins de Briançon. La répartition faite donnait un quintal par livre de cadastre.

Au mois de juillet, ordre de fournir 3,600 quintaux de foin nouveau. Ce fut dans ce mois de juillet qu'un corps d'armée, commandé par le chevalier de Belle-Isle, arriva à Briançon. Tandis que Las-minas menaçait le Piémont du côté de Nice, et le maréchal de Belle-Isle par la vallée de la Stura, le chevalier de Belle-Isle, frère du maréchal, tenta de l'envahir

(1) Transitons.
(2) Ibid.
(3) Ibid.

par le mont Genèvre et par les montagnes qui séparent Exilles de Fénestrelles. Arrêté par les retranchements du col de l'Assiette, il s'y fit tuer et y perdit cinq mille hommes, morts ou blessés. Ceux-ci, pour la plupart, furent transportés à Briançon. L'armée rentra dans le Briançonnais, et l'autorité militaire ordonna d'élever des redoutes et des retranchements à l'Infernet (1). Les paysans briançonnais furent encore requis pour y travailler. La commune de Molines y envoya vingt-cinq hommes; les autres fournirent leur contingent et le nombre des travailleurs se monta à deux mille (2).

En mai 1748, ordre à la communauté de Briançon de transporter de la Grave et du Villard-d'Arènes à Briançon 450 quintaux de foin.

En 1768, il était encore dû aux communautés briançonnaises, pour les fournitures faites aux troupes, pendant la campagne de 1744, plus de cinquante mille livres.

En 1755, les communautés furent encore obligées de loger des troupes, comme nous l'apprend l'assemblée de l'Escarton du 17 mars 1757, qui nomma deux commissaires pour dresser un état détaillé des logements soufferts par les communautés villageoises, pendant l'année 1755.

La ville de Briançon avait été taxée à payer 2,000 livres pour le don gratuit, exigé par le roi, des dix villes du Dauphiné ; les Consuls demandèrent un rabais, et au mois de mars 1761, le subdélégué général, Moisson, les informait que la somme avait été réduite à 700 livres.

---

(1) Montagne qui domine Briançon à l'Est, et où l'on vient de construire un fort, à 2,400 mètres d'altitude.

(2) Transitons.

* *

Guerres de la République et de l'Empire.

Pendant une période d'environ trente ans, les Briançonnais eurent un peu de relâche, et purent travailler à réparer les maux de tout genre que la guerre leur avait causés. Mais au bout de ce temps, les guerres de la République et celles de l'Empire qui se succédèrent sans interruption, pendant plus de vingt ans, leur imposèrent de nouvelles charges et de nouveaux sacrifices.

En 1790, Briançon avait, en garnison, le régiment d'Austrasie qui venait de faire campagne dans l'Inde, et qui fut relevé par le 75e, ci-devant régiment de Monsieur.

De 1792 à 1797, l'armée des Alpes occupa toute la frontière, et après les conquêtes de la Savoie et du comté de Nice, elle s'étendait depuis le pays de Gex jusqu'au Var. Les troupes, disséminées dans toutes les vallées briançonnaises, campaient, pendant la belle saison, au Galibier, au col de l'Echelle, au Mont-Genèvre, au Bourget, au col La Croix, au col Agnel, et gardaient tous les passages par lesquels l'ennemi aurait pu pénétrer en France. Lorsque les neiges les chassaient des hauteurs, elles descendaient dans les villages et y prenaient leur quartier d'hiver.

Pendant que les troupes étaient aux avant-postes et qu'elles luttaient contre les Piémontais pour s'opposer à l'invasion, Briançon, Mont-Dauphin et Fort-Queyras étaient gardés par les milices nationales organisées en 1789. C'est ainsi que les milices de Briançon furent requises, en 1792, de fournir quarante-cinq hommes par jour, pour le service de la place qui n'avait, pour la défendre, qu'un faible bataillon du régiment d'Aquitaine.

Dans le mois de juin de cette même année, 1,500 Piémontais s'étant avancés jusqu'au Mont-Genèvre, deux compagnies de ce régiment, soutenues par la garde nationale de Briançon et par celle des communes environnantes, se portèrent au-devant de l'ennemi et le repoussèrent.

Voici, d'après le journal manuscrit des *Campagnes de l'Armée des Alpes, de 1792 à 1797*, les principales opérations de cette armée, dans le Briançonnais (1).

Dans le mois de février 1793, Kellermann, qui avait reçu le commandement de l'armée des Alpes, parcourait l'Embrunais et le Briançonnais. La neige couvrait alors toutes les positions avancées, et les reconnaissances se faisaient sur les cartes. Il ordonna d'ouvrir des communications et d'élever des retranchements sur l'extrême frontière. Le camp de Tournous fut spécialement désigné dans les ordres, et le 3 juin on put y mener du canon.

Dans le mois de mai 1794, les troupes du Briançonnais, commandées par le général Valette, entrèrent dans la vallée de Bardonnêche par le Val-des-Prés, et à Césanne par le Mont-Genèvre. Dans la première vallée, les Piémontais abandonnèrent le poste de Bramafan qui est sur un rocher, dans une position inexpugnable. Ils se retirèrent du côté de Césanne, qu'ils abandonnèrent, pour occuper le plateau de Saint-Sicaire et les débouchés du pont. Se sentant encore trop faibles dans cette position défen-

(1) Ce manuscrit est passé des archives de Briançon dans celles du ministère de la guerre, par ordre du ministre.

sive, ils firent comme en 1708, devant le maréchal de Villars, et se retirèrent à l'Assiette. Dès ce moment, les Français occupèrent toute la vallée et le général Valette établit son quartier général à Oulx, jusqu'à l'époque où la chute des neiges obligea à la retraite.

Maîtres de la vallée, il fallut s'assurer des hauteurs, et l'on occupa successivement le col de Sestrières, et toute la rive gauche du Cluson jusqu'aux villages de la Rua et du Grand-Puy. Du 10 au 20 juin, on s'empara de la fameuse position de l'Assiette et l'on força le poste des Quatre-Dents, ce qui permit d'occuper Chaumont. On cernait ainsi le fort d'Exilles, dont on pouvait pousser le siège sans être inquiété. A l'approche de l'hiver, on fut obligé d'abandonner successivement toutes ces positions, et les troupes se portèrent sur le Mont-Genèvre et dans la vallée de Névache.

Dans le Queyras, les troupes françaises occupèrent le col de Bouchier, le col du Val-du-Pis ou d'Urine et le col La Croix où l'on distribua 600 hommes. Cette position, qui n'était d'abord que défensive, devint bientôt offensive par la prise du fort de Mirabouc, dans lequel les Français entrèrent le 9 mai. Le bataillon de chasseurs des Alpes, entièrement composé de Briançonnais, et commandé par l'intrépide Balthasar Cayre (1), assaillit le fort avec tant d'impétuosité et

(1) Victor Balthasar Cayre, né à Briançon en 1753, était bijoutier dans cette ville, lorsque le Révolution éclata. Ardent patriote, il oublia le commerce pour songer à la défense de son pays. Il organisa, avec l'aide de quelques amis, le bataillon de chasseurs des Alpes, qui le choisit pour commandant. Plus tard, il fut lieutenant-colonel et commandant d'armes à Péronne. En 1816, il se retira à Grenoble, où il mourut le 1er mai 1843.

de vigueur que la garnison, commandée par le major Mesmer, n'opposa qu'une faible résistance et prit la fuite.

La possession de Mirabouc permit à nos troupes de pénétrer dans la vallée de Luserne. Cayre, à la tête de ses chasseurs, s'empara de Villanova et du défilé fortifié de Malpertus, d'où il s'avança jusqu'au Villard de Bobio, après avoir culbuté et mis en déroute 2,400 Piémontais.

Les difficultés que l'on avait à fournir des subsistances aux troupes du col La Croix étaient si grandes qu'on n'y mit jamais plus de deux bataillons. C'est par ce motif que l'on se décida à miner le fort et à le faire sauter, le 11 septembre. Les troupes de la garnison et les chasseurs des Alpes rentrèrent dans la vallée du Queyras. Les Piémontais revinrent occuper la position de Mirabouc et s'y retranchèrent, de nouveau

A la droite du Mont-Viso, le col Agnel et le col de Saint-Véran. qui conduisent à Château-Dauphin, furent constamment gardés, le premier par un corps de 700 hommes, et le second par un autre de 600 hommes. Le 14 septembre, ces troupes, commandées par le général Gouvion-Saint-Cyr, attaquèrent les Piémontais, qui furent chassés de leur camp de Piastre, du village de La Chenal et de tous les points qu'ils occupaient sur le col de Longet et sur la route de Saint-Véran, laissant entre les mains des Français 140 prisonniers, des bagages et des effets de campement. Une partie des troupes victorieuses revint, le même jour, bivouaquer sur les cols de Saint-Véran et de l'Agnel. Douze cents hommes restèrent à La Chenal, sous les ordres du général Gouvion qui fut attaqué, sur plusieurs points, vers les quatre heures du soir. Mais à l'entrée de la nuit, l'ennemi était partout repoussé. Le 15, le général Gouvion se retira de La Chenal, et les cols furent occupés comme auparavant.

Pendant l'hiver de 1795, nos troupes eurent beaucoup à souffrir dans leurs cantonnements. Le froid excessif qu'elles eurent à endurer rendit les postes avancés extrêmement difficiles à tenir. Plusieurs soldats eurent des membres gelés, quelques-uns même furent trouvés morts de froid sur les neiges, au milieu desquelles la défense de notre frontière nous força à tenir des postes.

Pendant cette même année 1795, la ligne de défense se prolongeait de la vallée de Barcelonnette dans celle du Queyras où nos avant-postes étaient établis sur les cols qui versent dans les vallées de Molines et d'Abriès. De la vallée du Queyras, la ligne communiquait au Briançonnais par les cols de Péas et d'Isoard ; elle passait par les montagnes de Cervières, du Bourget, de la Chau et par le Mont-Genèvre, en avant de la place et des forts de Briançon. De là, elle s'étendait dans la vallée de Névache et occupait le col des Acles, de l'Echelle et des Thures.

Dans le mois de septembre, le général Moulin porta son quartier général à Briançon. Les Piémontais avaient concentré beaucoup de troupes dans les vallées d'Oulx et de Césanne. Connaissant l'exiguité de nos forces du côté du Mont-Genèvre, ils conçurent le projet d'enlever nos postes des Clavières, de Clary et la Coche. Ils disposèrent leurs troupes en trois colonnes d'attaque; un corps de réserve vint occuper Saint-Sicaire où se transporta le duc d'Aoste.

La première colonne, forte de 1,500 hommes, commandée par le chevalier Costa, passa par Fenils et, contournant la montagne de Chaberton, arriva au col d'Aquitaine, entre les Clavières et le Mont-Genèvre. La deuxième, forte de 800 hommes, passa par Bousson et se dirigea vers nos postes de La Coche, dans l'intention de se réunir à la première et de nous couper la retraite. La troisième, composée de 800 hommes, se porta vers le Bourget, avec ordre de faire un feu violent, pour faire diversion et nous laisser dans l'incertitude sur le véritable point d'attaque.

Sur tous ces points attaqués, nous n'avions que 750 hommes. Si la valeur des Piémontais avait secondé la précision et la justesse de la conception du projet, il n'aurait pas échappé un seul de nos soldats.

Les 500 hommes que nous avions dans les trois postes de La Coche, des Clavières et du Mont-Genèvre, résistèrent vigoureusement aux trois colonnes ennemies et les mirent en déroute.

Le général Valette, averti de l'attaque, se porta aussitôt sur le Mont-Genèvre où il prit toutes les dispositions nécessaires. Le général Moulin et le représentant Réal accoururent du côté du Bourget, vers notre droite qui, à leur arrivée, avait déjà repoussé l'ennemi.

Les Piémontais, repoussés sur tous les points, eurent 45 hommes tués, dont 4 officiers, et laissèrent entre nos mains 200 prisonniers. Nous eûmes, de notre côté, 10 tués et 39 prisonniers (1).

---

(1) Mon père, Jean Chabrand, était un de ces prisonniers. Ils furent conduits à Casal et échangés, après quelques mois de captivité, contre des prisonniers piémontais.

Le même jour, 300 Piémontais, partant des cols de Viso, de Soustre et de Valante, attaquèrent nos avant-postes à l'Echalp, vallée du Queyras ; mais ils furent partout repoussés.

Le 22 septembre 1795, les ennemis, au nombre de 200 attaquèrent nos avant-postes au col La Croix. Nos troupes se replièrent sur La Monta où s'engagea un combat très vif. Les Piémontais, forcés à la retraite, perdirent quelques hommes et nous firent dix prisonniers.

Dans les derniers jours de septembre 1795, le gouvernement donna le commandement de l'armée d'Italie à Schérer, et celui de l'armée des Alpes fut, de nouveau, remis entre les mains de Kellermann, qui établit son quartier général à Embrun. Des ordres furent immédiatement donnés pour que l'armée des Alpes, sur toute la ligne, harcelât continuellement les Piémontais, afin de les empêcher de se dégarnir et de diminuer ainsi les forces qu'ils pouvaient opposer à l'armée d'Italie.

Ces attaques incessantes étaient d'autant plus fatigantes pour nos troupes, qu'elles étaient forcées de de tenir les hauteurs, dans une saison très avancée et au milieu des neiges. Vers la fin d'octobre, les neiges tombèrent si abondantes que les postes avancés furent obligés de rentrer dans les vallées. Mais ils reprenaient leurs positions, dès que la neige avait acquis la consistance nécessaire.

Dans la nuit du 12 au 13 novembre, trois colonnes marchèrent contre les Piémontais. La première, partie de La Chau, se dirigea sur Bousson et Champla, que les ennemis évacuèrent pour prendre position sur la montagne de Rognouse. Le général Sandos qui commandait la colonne s'empara d'une redoute défendue par 25 hommes, dont neuf furent tués et les autres faits prisonniers. L'ennemi ayant réuni ses forces à Sestrières, la colonne rentra dans ses postes sans être poursuivie.

La 2e colonne, commandée par le général Valette, partit du Mont-Genèvre et se porta sur Césanne qu l'ennemi avait évacué. Elle se dirigea ensuite sur Fénils et envoya un fort détachement sur le chemin d'Oulx où il rencontra le premier poste ennemi, dont quelques hommes furent faits prisonniers.

La 3e colonne partie de Planpinet, se porta sur Pierre-Menant, où elle eut à vaincre de grandes difficultés à cause de la grande quantité de neige. Deux volontaires y eurent les pieds gelés. Ces difficultés ne ralentirent pas l'ardeur de nos troupes ; elles continuèrent leur marche sur la chapelle St-Charles qui domine le village d'Oulx. La colonne, ne pouvant pénétrer plus avant, rentra dans ses postes.

Le mouvement de ces trois colonnes s'exécuta avec le plus grand ordre. L'ennemi perdit quelques hommes, nous en perdîmes trois et nous fîmes vingt prisonniers.

Le même jour, des reconnaissances furent faites par les troupes de la vallée du Queyras ; mais la neige était si abondante qu'elles ne purent atteindre l'ennemi. Nos soldats avaient de la neige jusqu'à la ceinture, plusieurs eurent les pieds gelés.

La neige était si abondante et la saison si avancée que le général Kellermann fut obligé d'ordonner aux troupes de quitter les hauteurs pour rentrer dans leurs cantonnements d'hiver. Cette rentrée commença à s'exécuter le 5 décembre, et le quartier général fut porté d'Embrun à Chambéry.

L'armée des Alpes était alors composée de 34 bataillons d'infanterie et de trois régiments de cavalerie. Les bataillons furent distribués, pour l'hiver, dans la Tarentaise, la Maurienne, la vallée de Barcelonnette, dans le Queyras et à Guillestre. Quatre bataillons furent placés à Briançon, dans la vallée de Névache et au Mont-Genèvre.

En 1796, l'armée des Alpes, réorganisée par Berthier, chef de l'état-major, se composait de quatre demi-brigades d'infanterie de bataille, et quatre d'infanterie légère, de la moitié du 4e d'artillerie, avec son état-major ; du 3e bataillon de sapeurs ; du 5e et du 9e régiment de dragons qui arrivaient tout délabrés de l'armée d'Italie.

Dans le courant de mars, Berthier fut nommé chef de l'état-major de l'armée d'Italie et quitta l'armée des Alpes. Il fut remplacé d'abord par l'adjudant général Rivaud, et ensuite par le général de brigade Thomas Sandos. Le général Carteaux commandait en Maurienne, et le général Bertin en Tarentaise. Le général Vaubois qui commandait la droite de l'armée n'avait, pour occuper tous les postes, dans les vallées du Queyras et de Barcelonnette, qu'une seule demi-brigade. Un bataillon de grenadiers fut placé à Barcelonnette, en attendant que la saison lui permit de camper à Tournous. Un autre bataillon de grenadiers, formé à Lyon, fut envoyé au Mont-Genèvre, pour couvrir Briançon où commandait le général Valette.

Kellermann se préparait à une campagne active, lorsque Bonaparte, après trois victoires signalées sur l'armée Austro-Sarde, descendit dans les plaines du Piémont et transporta le théâtre de la guerre du sommet des Alpes dans le cœur de l'Italie.

Le général Petit-Guillaume eut le commandement de la première division de l'armée des Alpes, et établit son quartier général à Briançon. Le général en chef ordonna de ne laisser aux avant-postes, sur les hautes montagnes, que le nombre d'hommes nécessaires pour conserver les établissements.

Le traité de paix conclu entre la France et le Piémont permit à nos troupes d'aller occuper, le 30 juin, les forts de la Brunette et de Ste-Marie; ainsi que le fort d'Exilles. La démolition de ces forteresses commença le 8 juillet, sous la direction du général de brigade Vallier La Peyrouse.

Toutes les troupes furent retirées des avant-postes. Kellermann n'y laissa qu'un faible cordon, pour assurer les communications et surveiller les importations et les exportations. Le 1er juin 1796, il fit partir de Mont-Lion (Mont-Dauphin), un convoi d'artillerie, avec caissons et approvisionnements. Ce convoi arriva à Milan le 13.

Le 19 juillet, la demi-brigade des Deux-Sèvres, forte de 600 hommes, partit de Briançon pour Coni où elle arriva le 25. Le 24, la compagnie des Guides à pied des Hautes-Alpes, forte de 80 hommes, partit de Briançon pour Pavie où elle arriva le 1er août. C'est ainsi que l'armée des Alpes fut insensiblement absorbée par l'armée d'Italie.

En 1799, la retraite de l'armée de Schérer et l'invasion du Piémont par les Austro-Russes obligèrent les Briançonnais de se tenir constamment sous les armes, pour garder la frontière. Dans les premiers jours de juin, l'ordre ayant été donné de faire des approvisionnements de siège, les commissaires des guerres et les fournisseurs faisant défaut, les populations briançonnaises s'empressèrent d'opérer, elles-mêmes, l'approvisionnement de Briançon et des autres places de la région. Elles transportèrent sur

les points culminants de leurs montagnes tout ce qui
était nécessaire aux troupes qui les occupaient. Elles
firent également des transports de toute nature dans
la place de Fenestrelles. Leur patriotisme fut bien mal
récompensé, car ceux qui avaient fait les fournitures
« furent frustrés de tout paiement » (1).

Au mois de juillet, une armée de quinze mille
hommes occupait de nouveau les Alpes, sous les
ordres de Championnet. Elle s'étendait de la Maurienne
à Barcelonnette ; son centre était à Briançon, commandé par le général Duhesme. Ces troupes furent
encore disséminées dans toutes les vallées de la frontière pour garder les défilés des montagnes, et de
nouvelles réquisitions furent faites pour leur logement, leur campement, pour le transport des vivres,
des munitions et même du bois. Le 11 août, ordre du
jour de Championnet, félicitant les conscrits de l'armée
des Alpes pour le fait d'armes suivant dont le général
Mollard, commandant au Mont-Genèvre, lui a rendu
compte : « Les Piémontais se portaient en force du
côté d'Exilles, dans le dessein d'inquiéter un convoi
qui devait se rendre à Fénestrelles. Nos conscrits
allèrent à leur rencontre avec une grande intrépidité.
Après avoir soutenu le feu des tirailleurs, depuis
quatre heures du matin jusqu'à deux heures du soir
(4 août), ils continuèrent à se battre et poursuivirent
l'ennemi qui fut repoussé jusqu'à Chaumont, et qui eut
sept ou huit hommes tués et une quinzaine de
blessés. »

Le 26 août, le centre de l'armée, aux ordres du
général Duhesme, se porta en avant sur Suze et
Pérouse ; l'ennemi fut battu sur tous les points. Deux

(1) B. Chaix, *Préoccupations*.

bataillons de conscrits enlevèrent les positions d'Exilles et de l'Assiette, avec une intrépidité rare ; la 107ᵉ
demi-brigade se fit également remarquer. L'ennemi
eut près de mille hommes tués et deux cents prisonniers ; il perdit deux pièces de canon. Le citoyen
Moselle, commandant de Fénestrelles, avec sa garnison de 500 hommes, fit des prodiges de bravoure.
Suze tomba en notre pouvoir.

Le 1ᵉʳ septembre, le quartier général partit d'Embrun
pour Briançon où il devait rester jusqu'à nouvel ordre.
Le 3, proclamation à l'armée par Championnet, annon-
çant que le Directoire vient de réunir l'armée des
Alpes à celle d'Italie, et lui en confie le commandement en chef.

L'état-major de l'armée des Alpes, devenu l'aile
gauche de l'armée d'Italie, était ainsi composé :

Le général Grenier, commandant en chef.

De Vaufreland, général de brigade, chef d'état-major.

Bardenet, id. commandant l'artillerie.

Terrasson, id. commandant le génie.

Stabenrath,
Lecat, } adjudants généraux.
Drouhot,

Viriville, commissaire ordonnateur.

Pour donner une idée des charges imposées aux
habitants pour les logements militaires, pendant l'oc-
cupation de la frontière par l'armée des Alpes, nous
allons indiquer les principaux mouvements des troupes qui en faisaient partie, depuis le mois de juillet
1799, jusqu'au mois de juin 1800 (1).

_____

(1) Extrait du registre des ordres du jour de l'armée
des Alpes, commencé le 2 thermidor, an VII. (Archives
de Briançon.) Ce registre doit être aujourd'hui aux archives du ministère de la guerre.

Le 17 août, ordre du général Stabenrath au commandant de la compagnie des Guides d'établir le service des correspondances sur la petite route de Grenoble à Briançon, de la manière suivante : à Vizille, trois hommes et un sous-officier ; à Livet, au Bourg-d'Oisans, au Mont-de-Lans, à La Grave, à La Madeleine, trois hommes ; au Monêtier, trois hommes et un sous-officier : à La Salle, trois hommes.

Le 25 août, ordre au général commandant la division de gauche de faire partir du Mont-Genèvre un détachement de 110 hommes de la 31ᵉ demi-brigade, pour se rendre par le Galibier dans la Haute-Maurienne où ils seront incorporés dans le 47ᵉ.

Le 30, ordre au 10ᵉ régiment de cavalerie de se rendre de Guillestre à Briançon. Le même jour, le le général Duhesme est prévenu que le 1ᵉʳ septembre, le quartier général sera rendu à Briançon, ainsi que deux escadrons de guerre du 14ᵉ de chasseurs à cheval.

Le 5 septembre, ordre au 21ᵉ régiment de cavalerie de se rendre de Grenoble à Briançon, passant par Gap ; ordre au 1ᵉʳ et 2ᵉ bataillon de sapeurs de se rendre de Genève par le Galibier, à Briançon à Guillestre et à Mont-Lion (*Mont-Dauphin*). Le 8, ordre au commandant des Guides à pied, des Hautes-Alpes, de faire rentrer à Briançon tous les postes qu'il fournit, depuis cette dernière place jusqu'à Grenoble. Du même jour, ordre au dépôt de la 63ᵉ demi-brigade de partir de Vallouise pour se rendre à Embrun.

Le 9, ordre au commandant du détachement de la 88ᵉ de se rendre à Briançon. Le 11, le général de Vaufreland prévient le général Duhesme, commandant la 2ᵉ division de l'aile gauche, qu'il est arrivé à Briançon des prisonniers de guerre de la garnison de

Mantoue, et qu'ils seront dirigés sur Grenoble. Le 14, ordre au 14ᵉ régiment de cavalerie qui arrive à Châteauroux de partir le 15 pour se rendre à Pignerol ; il logera le 15 à Château-Queyras, le 16 à Bobi et le 17 à Pignerol. Le 21, ordre au dépôt de la 47ᵉ de partir de Barraux pour Briançon. Le 23, ordre à la 1ʳᵉ compagnie du 2ᵉ bataillon de sapeurs de partir d'Embrun pour se rendre à Genève, passant par Briançon, le Galibier et Chambéry.

Le 17 octobre, le général Pellaprat, commandant la 7ᵉ division à Grenoble, est prié de faire partir le bataillon de conscrits de Saône-et-Loire, qui est dans cette ville, pour aller à Briançon, passant par la petite route (la route par l'Oisans).

Le 13 novembre, ordre au 3ᵉ bataillon de la 106ᵉ, et au 1ᵉʳ bataillon de la 20ᵉ de partir, le 14, de Guillestre pour se rendre à Briançon. Le 19, ordre au bataillon des Bouches-du-Rhône de partir de Briançon pour Valence.

Le 25 novembre, 150 Piémontais franchissent le col Agnel et envahissent Fontgillarde ; les habitants de Molines et ceux de St-Véran accourent en masse, les attaquent avec vigueur, les rejettent de l'autre côté de la montagne et leur font cinq prisonniers. Ils firent savoir au général qu'ils étaient continuellement sous les armes, et qu'il pouvait compter sur eux, pour la défense du pays. Cette belle conduite leur valut d'être mis à l'ordre du jour de l'armée.

Le 1ᵉʳ décembre, ordre au dépôt de la 107ᵉ de partir de Briançon pour Mont-Lion. Le 4, ordre au bataillon de Saône-et-Loire de partir de Briançon pour Aix en Provence. Le 8, ordre au dépôt de la 28ᵉ de se rendre de Mont-Lion à Briançon. Le 11, ordre de faire partir des Basses-Alpes pour Briançon, en passant par

Pontis, un bataillon de la 2^3 demi-brigade. Le 18, avis au général Valette, commandant dans le Briançonnais, que la 28ᵉ est partie le 16 de Grenoble, pour se rendre à Briançon où elle arrivera le 19, par la petite route. Le 23, ordre au citoyen Michaud, commandant de place à Briançon, de faire partir pour Embrun le dépôt de la 100ᵉ.

Le 6 janvier 1800, ordre au détachement de la 5ᵉ compagnie de sapeurs de partir de Briançon pour St-Marcellin. Le 12, ordre au général Davin, à Briançon, de faire partir 40 hommes de la 28ᵉ légère pour Grenoble; le même jour, ordre au dépôt de la 28ᵉ légère de se rendre de Briançon à Mont-Lion et au Fort Queyras pour faire le service de ces places.

Le 11 mars, d'après les dispositions prises par le 1ᵉʳ consul Bonaparte, il est ordonné au 3ᵉ bataillon *bis* de la 88ᵉ, stationné à Briançon, d'en partir de suite, pour se rendre, sans séjour, à Châlon-sur-Saône. Le 19, ordre du général Lecat au général Liébault, à Briançon, de faire partir de Mont-Lion tout ce qui appartient au 3ᵉ bataillon de la 28ᵉ légère, pour se rendre à Briançon où se trouvera réunie la totalité du bataillon; on en distribuera quatre compagnies au Mont-Genèvre et quatre à Briançon. Le même jour, ordre au général Liébault, à Briançon, de faire partir de Césanne pour St-Jean-de-Maurienne, en passant par le Galibier, le bataillon de la 15ᵉ légère; ordre d'établir par ce col, une correspondance entre Briançon et St-Jean, par les soins d'un officier des Guides des Hautes-Alpes. Avis est donné au général Liébault que la 104ᵉ passera de la Maurienne et de la Tarentaise, par le Galibier, pour se rendre à marches forcées à Gênes, ensuite des ordres du général Masséna.

Le même jour, ordre aux six compagnies de chasseurs de la 28ᵉ légère de partir d'Embrun pour Mont-Lion et le Queyras ; ordre au 3ᵉ bataillon de la même demi-brigade de se rendre de Mont-Lion à Briançon, pour le service de cette place et du Mont-Genèvre.

Le 2 avril, ordre au 2ᵉ bataillon de la 80ᵉ de se rendre de la vallée de Barcelonnette où commande le général Mollard, à Mont-Lion et au Fort Queyras, moitié sur chaque point. Les quatre compagnies de la 28ᵉ légère qui sont dans ces deux places doivent être dirigées de suite sur Briançon. Le même jour, avis au général Liébault, à Briançon, de faire partir les quatre compagnies de la 28ᵉ légère du Mont-Genèvre, pour Césanne où commande le général Blaumont ; les quatre compagnies venant de Queyras et de Mont-Lion les remplaceront au Mont-Genèvre. La 15ᵉ légère doit venir de la 9ᵉ division à Briançon. La 28ᵉ légère aura vingt compagnies à Césanne, et quatre au Mont-Genèvre.

Le 11 avril, ordre au citoyen Fiéreck, officier d'artillerie, de faire envoyer, sur-le-champ, quatre mille cartouches à Planpinet, pour les troupes stationnées dans la vallée de Névache. Ordre au citoyen Albert, capitaine commandant la compagnie des Guides à pied des Hautes-Alpes, d'envoyer douze hommes pour établir la correspondance entre Grenoble et Briançon, par la petite route, et les hommes nécessaires pour en établir une entre Guillestre et Tournous, par le col de Vars.

Le 13 avril, ordre au commandant de place de Briançon d'envoyer à Mont-Lion deux compagnies de carabiniers de la 28ᵉ légère ; les trois compagnies de grenadiers de la 26ᵉ resteront à Briançon, pour le service de la place. Le 20, ordre au bataillon de la 80e qui se trouve au Mont-Genèvre de partir pour Vars. Le 23, avis au commissaire ordonnateur qu'un escadron du 9e régiment de chasseurs arrivera le 27 à Embrun, pour se rendre à St-Catherine sous Briançon. Le 25, ordre à la 5e compagnie du 1er bataillon de sapeurs de partir de Guillestre pour Briançon.

Le 7, le général commandant autorise le citoyen X., officier Vaudois, à s'établir à Abriès, pour y recevoir les Vaudois qui se présenteront aux avant-postes et demanderont à prendre du service en France. Il lui est ordonné de n'admettre que ceux qui, par leur âge et leur conformation, seront propres au service militaire. Les hommes reçus seront envoyés à Embrun, pour être incorporés dans la compagnie des Vaudois, après avoir préalablement été présentés au citoyen Mangarel, commandant dans le Queyras.

Le 6 mai, ordre aux trois compagnies de grenadiers de la 26e de partir du Queyras pour Guillestre. Le 11, ordre au bataillon de la 107e de partir de Tournous pour Briançon ; à vingt-cinq guides à pied des Hautes-Alpes, commandés par un officier, de se rendre en Queyras ; à la compagnie de sapeurs qui se trouve au Mont-Cenis de partir pour Briançon, passant par le Galibier. Le 16, ordre au 1er bataillon de la 26e d'aller de Vars à Briançon ; au bataillon de la 80e d'aller de Tournous à la Bessée et de là à Briançon ; au détachement de la 68e d'aller du Queyras à Briançon, par le col Isoard ; à deux compagnies de carabiniers d'aller de Guillestre à Briançon. Le 17, ordre aux deux compagnies de grenadiers de la 107e de se rendre à Briançon. Le 18, ordre au détachement de la 68e d'aller coucher à Césanne, pour se rendre le lendemain à Fénestrelles. Le 20, ordre au détachement du 9e régiment de chasseurs à cheval de rejoindre son escadron, à Césanne. Le 21, ordre au commandant de la place de Briançon de faire partir pour Guillestre 130 hommes de la 30ᵉ légère. Le 23, ordre au commandant du 14ᵉ chasseurs à cheval d'envoyer 25 chasseurs à Guillestre, qui seront sous les ordres du général Kister, et 25 autres à Ste-Catherine sous Briançon. Le 26, ordre à 140 hommes du 9ᵉ régiment de chasseurs à cheval de partir de Gap pour Briançon. Le 28, ordre d'envoyer 135 hommes du 14ᵉ de chasseurs à cheval à Briançon, et au commandant du 9ᵉ chasseurs à cheval de se rendre avec sa troupe, à marches forcées, d'Embrun à Bussolin, en avant de Suze, où il prendra les ordres du général Turreau. Le 30, huit heures du soir, ordre à la compagnie vaudoise qui est en Queyras, de partir pour Suze où elle arrivera le 2 juin. (le 31 à Briançon, le 1ᵉʳ à Oulx et le 2 à Suze).

Le 1ᵉʳ juin, contre-ordre à la compagnie vaudoise qui doit revenir à Briançon. Le 7, ordre à un détachement des Guides des Hautes-Alpes, composé de 46 hommes, de partir de Briançon pour Césanne où il recevra de nouveaux ordres du général de brigade Raoul.

Tous ces mouvements de troupes chargeaient les lieux d'étape de logements continuels. De plus, les communes étaient soumises à des réquisitions auxquelles il ne leur était pas toujours facile de satisfaire, et alors on les y contraignait en leur envoyant des garnisaires. Nous en trouvons la preuve dans les ordres suivants, donnés par le général Lecat au commandant de la place d'Embrun :

« Citoyen, les troupes d'infanterie, envoyées dans les communes des Crottes, Réalon, Montgardin, Le Sauze, St-André, étant insuffisantes pour les contraindre à fournir les denrées d'appel auxquelles elles sont soumises, par arrêté de l'administration centrale, vous voudrez bien donner, de suite, ordre à 15 chasseurs à cheval de la garnison d'Embrun de se rendre dans lesdites communes, savoir, trois dans chacune d'elles ». (23 frimaire, an VII).

« Les communes ci-après dénommées étant encore en retard pour les fournitures des denrées d'appel auxquelles elles sont soumises, par arrêté de l'administration centrale, vous voudrez bien, citoyen, envoyer de suite, dans chacune d'elles, six hommes d'infanterie, armés en guerre, de la garnison d'Embrun ; savoir : St-Etienne, Rousset, Les Orres, St-Jean-St-Nicolas, Avançon, Crevoux, Valserres, Remollon, Puy-Sanières, Puy-Saint-Eusèbe, Réalon ». (29 frimaire, an VII).

Après la victoire de Marengo, la guerre ayant été transportée loin de la frontière, les passages de troupes, dans les Alpes, devinrent moins fréquents, et surtout moins importants jusqu'en 1813. Mais, après la malheureuse bataille de Leipsick (18-19 octobre 1813), les populations briançonnaises éprouvèrent de nouveau les tribulations des pays frontières.

Dès la fin de 1813, ordre du ministre et du préfet de prendre toutes les mesures pour résister à l'invasion. Le 8 janvier 1814, ordre au sous-préfet de Briançon d'activer la rentrée des objets requis, même par la force (1). Ordre de chercher un local, pour suppléer à l'insuffisance de l'hôpital de Briançon, afin de pouvoir y loger 400 malades, pendant trois mois de siège. En février, ordre de former des compagnies franches et d'assurer leur solde et leurs subsistances ; ordre de continuer activement les approvisionnements de

---

(1) B. Chaix, *Préoccupations statistiques.*

la place. Au mois d'avril, ordre de fournir le contingent qui incombe à l'arrondissement, pour la formation du bataillon mobile des Hautes Alpes.

« Dans le commencement de 1814, dit Ladoucette (1), les passages du Mont-Cenis et du Simplon étant coupés par l'ennemi, le Gouvernement se servit uniquement du Mont-Genèvre pour correspondre avec son armée d'Italie, et ce fut par là que quarante mille Français, sous les ordres du comte Grenier, revinrent dans leur patrie. »

Au mois d'avril 1815, Napoléon se préparant à lutter contre l'Europe coalisée, ordonna d'organiser, dans les Alpes, des corps francs auxquels les communes devaient faire l'avance de vivres. De nouvelles réquisitions furent faites pour fortifier, approvisionner et garder les places fortes.

Après la bataille de Waterloo, la France était envahie, de nouveau, par les armées étrangères. Dès les premiers jours du mois de juillet, l'armée Austro-Sarde était sous les murs de Grenoble, et dans le commencement du mois d'août, elle s'avançait dans les Hautes-Alpes. Des réquisitions furent adressées à toutes les communes pour former l'approvisionnement de siège de Briançon, Mont-Dauphin, et Fort-Queyras. Peu de jours après, l'armée piémontaise occupait toute la vallée de la Durance, et son chef, le comte de La Tour, demandait de la faire entrer dans ces forteresses. Le Préfet et le Conseil général du département, redoutant les suites d'une résistance qu'ils croyaient impossible, engagèrent vivement les habitants « à mettre à profit *les intentions pacifiques des alliés* » et à les recevoir dans leurs murs, comme

----

(1) *Hist. des Hautes-Alpes*, p. 92.

avaient fait Gap et Embrun. Ce fut en vain : les portes restèrent fermées.

Le brave général Éberlé qui commandait à Briançon, et qui était bien décidé à se défendre, fit réunir les habitants à l'hôtel de ville pour connaître leurs intentions. L'immense majorité se prononça, sans hésiter, pour la résistance.

Il n'y avait pour défenseurs de la place que 260 chasseurs du bataillon des Alpes, 250 douaniers et les débris de deux compagnies du 4e d'artillerie, formant un total de 72 hommes, officiers compris. Mais la population entière était sous les armes et veillait sur tous les points de ses immenses fortifications, depuis l'Infernet jusqu'au Pont de Guisane.

L'armée piémontaise s'était répandue dans les environs de la place, depuis St-Martin jusqu'à St-Blaise, et depuis le Monêtier jusqu'à St-Chaffrey. Son général, prétendant qu'un de ses officiers avait été insulté, demanda à la ville une contribution de quinze mille francs, avec menace, en cas de refus, de saisir et de confisquer les propriétés situées hors des murs. Le général Éberlé lui promit *quinze mille boulets*.

La place fut bloquée, la campagne ravagée, St-Chaffrey incendié ; mais les Briançonnais n'en continuèrent pas moins leur glorieuse résistance pendant trois mois, et le 13 novembre, ils eurent la douce satisfaction de voir, du haut de leurs remparts, les Piémontais défiler piteusement, avec la permission du général Éberlé, et prendre la route du Mont-Genèvre pour rentrer dans leur pays.

Le blocus de Briançon, durant les trois mois où les travaux de la campagne sont en pleine activité, causa les plus grands dommages aux habitants. Mais la gloire d'avoir empêché l'étranger de mettre le pied dans

l'enceinte de leurs murailles, d'avoir préservé de la destruction leurs importantes fortifications et conservé
un immense matériel de guerre, ne pouvait se payer
trop cher.

Le passage et le séjour des armées dans le Briançonnais ont causé aux habitants de ce pays, comme
nous venons de le voir, des dommages et des pertes
immenses dont ils ont de la peine à se relever. Une
des pertes sur lesquelles ils ont encore à gémir,
aujourd'hui, est celle de leurs forêts dans lesquelles
ces armées ont porté la dévastation.

La plupart des montagnes du Briançonnais étaient,
anciennement, couvertes de forêts séculaires jusqu'au sommet des cols les plus élevés. De nos jours,
les belles forêts y sont rares, et ces montagnes
offrent aux regards attristés de vastes surfaces dé-
nudées et déchirées par des torrents et des ravins.
Et cependant aucun pays ne peut être comparé au
Briançonnais, sous le rapport de la vigilance et de la
sollicitude que l'administration municipale a toujours
montrées, pour la conservation de ses richesses fo-
restières.

Dès le commencement du XIVe siècle, les communautés briançonnaises qui, toutes, avaient le droit
d'administrer leurs forêts, faisaient des règlements
prescrivant des mesures très sévères allant jusqu'à
l'emprisonnement, pour empêcher la destruction de
ces bois dont quelques-uns étaient regardés comme
sacrés.

Cette sévérité, dans la répression des délits fores-
tiers, avait surtout pour but de préserver les villages d'être engloutis par les inondations ou rasés par
les avalanches. Les fréquents incendies des habitations,
dont le bois constituait l'élément principal, imposaient

encore pour règle de veiller à la conservation de
certaines forêts « dont la futaie, dit Froment, était
de mesme sacrée pour tout autre usage que pour
rebastir. (1 »

A Briançon, on nommait chaque année un *Bannier*;
c'était le nom qu'on donnait à celui qui était chargé
de la surveillance forestière On lui adjoignait un
certain nombre d'habitants, assermentés, pour l'aider
dans cette surveillance et dans la constatation des
délits. Bien plus, nous savons par un mémoire, présenté au roi en 1769, que « chacun devenait l'espion
de son voisin et le dénonçait dès qu'un coup de hache
venait frapper son oreille. (2) »

Le délit était à peine commis et constaté que le
délinquant était arrêté, traîné devant les juges de police et condamné à la saisie du bois, à l'amende ou à
la prison. L'exécution de la sentence suivait immédiatement, et le tout se faisait « sans écrits et sans
frais. (3) »

On peut dire qu'avec cette manière de procéder,
les forêts du Briançonnais furent mieux conservées
jusqu'en 1789, sous la surveillance municipale,
qu'elles ne l'ont été depuis, sous le régime coûteux et
tracassier de l'administration forestière.

Si les montagnes du pays briançonnais ont perdu
une grande partie des forêts qui faisaient autrefois
leur plus bel ornement, et si celles qui restent sont si
pauvres, on ne doit pas s'en prendre seulement aux
troupeaux, aux défrichements, aux avalanches; il ne

(1) *Essais*, 7ᵉ semaine.
(2) F. Prunelle, *Les anciennes institutions des Alpes
cottiennes Briançonnaises*, t. II, p. 299.
(3) Cfr. F. Prunelle, *Ibid.* — Chaix, *Préoccup. statist.*

faut pas surtout accuser les municipalités d'avoir manqué de soins dans leur surveillance. On doit surtout attribuer le déboisement de cette partie des Alpes aux dévastations commises par les armées qui, depuis Bellovèse, Brennus, Annibal et les Romains, jusqu'à nos jours, ont traversé ces montagnes et y ont séjourné.

Pour nous faire une idée de ces dévastations, citons quelques faits se rapportant au passage des armées, pendant le XVIIe et le XVIIIe siècles.

Sous le règne de Louis XIV, les habitants du Mont-Genèvre déclarent au commissaire de la réformation des Eaux et Forêts, que l'Hospice avait un bois appelé le *Clot* qui a été entièrement détruit par les soldats, pendant les dernières guerres (1).

En 1693, on fit des coupes de bois dans les forêts de Molines, dans les quartiers des *Combalasses* et de la *Pierre du Veau*, pour cuire le pain des troupes qui s'y trouvaient et pour faire des retranchements près de l'église (2). En 1695 et 1696, coupes dans les mêmes forêts, pour fournir au Fort-Queyras des fascines et des piquets (3).

En avril 1696, ordre de l'Intendant aux Briançonnais « de porter dans les magasins 3,600 piquets de quatre pieds et demi de long, sur sept pouces de tour; 3600 perches de neuf pieds de long, sur sept pouces de tour, et 1200 bûches de bois à brûler d'une toise de longueur et d'un pied et demi de tour. » Le 14 octobre, on demande 2400 piquets, 2400 perches et 1600 bûches (4).

---

(1) Registre de la réformation des Eaux et Forêts, élection de Gap.

(2 et 3) Manuscrits de Molines ou Transitons.

(4) Archives municip. de Briançon.

La construction des forts de Briançon, au commencement du XVIIIᵉ siècle, exigea des coupes de bois considérables, et lorsque au mois de février 1720, des affiches furent apposées pour annoncer que l'adjudication des travaux aurait lieu, le 15 du même mois, le Conseil municipal « considérant qu'il faudrait une quantité prodigieuse de bois pour les susdits ouvrages et pour le chauffage des bataillons qui devront y travailler, » s'adressa à l'Intendant, pour le prier de faire contribuer les communautés voisines à la fourniture de ces bois.

Au mois d'août 1708, coupe de bois dans la forêt de Gaudichon, « pour la cuite du pain de munition dont il faut vingt mille rations par jour. » Au mois de novembre, la communauté de Briançon doit fournir 2,040 cercles de bois, pour la garnison de la ville et du Château.

En mai 1709, ordre de faire couper 2000 fascines pour être portées aux Têtes.

En 1710, ordre de fournir au munitionnaire 400 cercles de bois ; ordre de fournir 18 cercles par jour pendant les six mois d'hiver, et 9 pour les mois d'été, pour le chauffage de 90 hommes dont 15 à la Maison crénelée, 20 au Randouillet et le surplus aux Têtes et à la redoute des Suisses ; ordre de fournir du bois pour baraquer les troupes ; coupe faite pour fournir aux troupes campées près de Briançon.

Janvier 1711, ordre aux communautés de fournir 80,000 cercles de bois, dont 6,000 pour celle de Briançon ; au mois d'avril, le marquis de Carrachioly demande 570 cercles de bois ; au mois de mai, ordre de fournir du bois pour quinze bataillons qui vont arriver pour travailler au Randouillet et aux Têtes. (1)

(1) Archives municipales de Briançon.

En 1712, six bataillons campés à Pierre-Grosse, commune de Molines, coupent deux mille pieds d'arbres ; cinq bataillons, campés à Costeroux dans la même commune, en coupent mille. (1)

En 1713, ordre aux Consuls de Briançon de fournir 915 cercles de bois, pour le chauffage des troupes qui sont aux Têtes, au Randouillet, à la Maison crénelée et à la redoute des Suisses.

En 1722, fourniture de bois pour construire des baraques aux troupes qui occupent les Têtes.

En 1733, fourniture de 1200 cercles de bois pour le chauffage des troupes de la garnison, dans la ville et les forts.

En 1743, ordre de l'Intendant de fournir 2,000 cercles de bois pour l'armée de don Philippe. Le conseil de Briançon décida que l'on couperait 1,200 cercles, de l'Infernet à la Durance, vers la limite qui sépare la communauté de Briançon de celle du Mont-Genèvre, et que le surplus serait fourni par les habitants, à raison d'un cercle par chaque livre de cadastre. Pendant cette campagne, les communautés fournirent 14,395 piquets, fourches ou bâtons de tentes, pour les troupes campées dans la communauté de Briançon.

Au mois d'octobre 1743, l'armée de don Philippe, composée de quarante ou cinquante mille hommes, campa à Molines avant d'entrer en Piémont, et dévasta les forêts. « Outre cinquante mille pieds d'arbres qu'ils coupèrent, il fallut encore leur fournir du bois pour la cuisson du pain et pour les corps de garde. » (2)

---

(1) Transitons.
(2) Ibid.

Nous ne pousserons pas plus loin cette énuméra-
tion qui deviendrait fastidieuse ; mais on peut se figu-
rer les ravages produits dans les forêts, depuis 1792
jusqu'en 1800, pendant que les armées de la République occupaient les Alpes briançonnaises, et qu'elles
étaient obligées de bivaquer sur tous les cols, même
au milieu des neiges. Quelle consommation ou plutôt
quel gaspillage de bois n'ont-elles pas dû faire, pour
se garantir du froid qui règne sur ces hauteurs, même
au cœur de l'été ! Aussi, a-t-on constaté que les parties
les plus déboisées de nos montagnes se trouvent
dans le voisinage des cols.

Pour donner un résumé des charges de toute sorte
qui ont pesé sur le Briançonnais, à cause du passage
et du séjour des armées dans ce pays, nous ne sau-
rions mieux faire que de citer quelques fragments
d'un mémoire adressé au Roi par les communautés
briançonnaises, peu de temps après le traité d'Utrecht.
Ce mémoire avait pour but d'obtenir du Roi quelque
soulagement aux misères accumulées sur les habitants, par la guerre de la succession d'Espagne et par
la cession au Piémont de la majeure partie du Bailliage. (1)

« Depuis l'année 1706, dit le mémoire, les habitants
du Briançonnais ont senti véritablement le poids de
la guerre. L'exacte discipline que MM. les officiers
généraux ont fait observer aux troupes, les approvisionnements que M. d'Angervilliers a fait faire si heu-
reusement et avec tant d'économie, s'accommodant
aux besoins de l'armée et aux misères du pays, n'ont

(1) Ce mémoire manuscrit que nous possédons est signé par Roux-Lacroix, député de l'Escarton de Briançon,
et Berthelot, député de la vallée du Queyras et Châtelain.

pas pu les garantir des maux qui accompagnent ordinairement la guerre. Ils n'ont pas moins contribué de
leurs personnes que de leurs biens au service de sa
Majesté, par les voitures continuelles qu'ils ont faites
pour les vivres, l'artillerie, la fortification, et pour un
grand nombre de messagers qui étaient nuit et jour
en campagne. Ils ont été obligés même de construire
à leurs propres dépens, par ordre de MM. les officiers
généraux, plusieurs redoutes et retranchements qui
leur ont coûté de sommes immenses.

« En 1708, lorsque les troupes de S. A. R. de Savoie
envahirent la vallée de Névache et celle des Prés et
s'approchèrent de Briançon, elles brûlèrent, en se retirant, les villages de Robion, des Prés et du Mont-
Genèvre qui sont aujourd'hui les premiers de la frontière.

« Les automnes étant souvent, dans ce pays de
montagnes, des hivers précoces, et la rigueur de la
saison ne permettant pas de faire camper les troupes
sous la tente, MM. les généraux les ont fait cantonner
dans les villages, ce qui a donné lieu, par accident, à
l'incendie de plusieurs qui sont le Monêtier, le Freys-
sinet, La Salle, St-Chaffrey, Servières, Ste-Catherine
et un hameau d'Arvieux. Les maisons étaient remplies
de meubles et de tous les fruits perçus pendant l'été.
La perte faite par les pauvres habitants leur a été si
préjudiciable, que la plupart sont contraints d'errer
avec leurs familles dans le royaume, et dans les pays
étrangers où ils mendient leur pain. Ceux qui sont
restés ont été obligés de supporter les charges de la
guerre, c'est-à-dire, de fournir dans les magasins tous
leurs fourrages, sans réserve, de sorte que n'ayant
pas de quoi nourrir des bestiaux, ils perdaient le seul
moyen qu'ils avaient de faire le commerce et d'en-

graisser leurs fonds qui restaient incultes. Le remboursement des fourrages leur était fait à un prix très modique.

« Quoiqu'ils aient fourni, avec ordre, les bois nécessaires aux troupes, ils n'ont pu éviter de détruire la plus belle partie de leurs forêts ; la dégradation qu'ils en ont faite, en pure perte, est au-delà de ce qu'on peut imaginer, et cette perte est inestimable. C'étaient les soins qu'en avaient pris leurs ancêtres, pendant plusieurs siècles, qui les avaient formées ; il en faudra bien autant pour les réparer, et encore n'y pourront-ils parvenir, à cause de la fourniture qu'il faut faire chaque jour, pour la garnison de la Ville et Château de Briançon, et pour les troupes qui resteront sur la frontière.

« Pendant les quartiers d'hiver, ils avaient jusqu'à douze bataillons dans l'Escarton de Briançon, et trois dans la vallée du Queyras, aux soldats desquels ils étaient obligés de donner la soupe, en pure perte et de se priver ainsi du nécessaire.

« Malgré toutes ces charges, le bailliage de Briançon a été soumis, comme le reste du Dauphiné, aux impositions des tailles, à la capitation, à l'ustensile, aux dixièmes ; ce qui aurait été insoutenable pour eux, sans les sages tempéraments que M. d'Angervilliers a apporté, pour ménager ce pays dont il connaissait l'épuisement, et l'importance pour le service de Sa Majesté. A l'égard de la vallée du Queyras, elle a été obligée de payer, pendant toute la guerre, des sommes exorbitantes, comme contribution, à S. A. R. de Savoie.

« Ils espéraient de voir finir tous leurs maux avec la guerre, et se flattaient que Sa Majesté, touchée des peines qu'ils ont essuyées, leur accorderait, à la paix, un dégrèvement considérable, pour les aider à acquitter les dettes qu'ils ont contractées, pour son service ; ils croyaient encore que l'union qu'ils avaient avec les vallées situées au-delà du Mont-Genèvre, avec celle de Château-Dauphin, les aiderait à réparer leurs pertes, mais ils voient toutes leurs espérances détruites par la cession que le Roi vient de faire d'un pays qui était uni avec eux, depuis le commencement de la monarchie, et qui aurait supporté une grande partie de leurs charges (1).

« Aujourd'hui la capitale de ce petit canton (Briançon), devient frontière, et cette place qui n'est composée que de 250 maisons et qui n'avait autrefois que trois ou quatre compagnies détachées, devenant la clef de la Provence et du Dauphiné, sera nécessairement, même pendant la paix, toujours chargée d'un logement considérable de troupes, d'un état-major, d'un commissaire des guerres, de plusieurs ingénieurs et officiers d'artillerie. Elle aura à payer, comme auparavant, l'entretien des casernes, les estafettes et postillons, les indemnités à ceux qui logent des troupes. Toutes ces charges seraient bien au-dessus des forces des habitants, si elles subsistaient telles qu'elles sont à présent, puisqu'elles montent annuellement à 31,200 livres, comme il paraît par l'état ci-joint.

« Si les Briançonnais ne trouvent quelque adoucissement à leurs misères, ils prévoient que la ville et les campagnes voisines, dont plusieurs habitants sont déjà sortis, vont devenir désertes, ou ne seront

---

(1) Par le traité d'Utrecht, la France céda au Piémont, trente et une communautés, sur cinquante qui composaient le Bailliage de Briançon.

habitées que par quelques vivandiers et quelques artisans. L'établissement d'un cordon de douanes, sur la frontière, fera cesser toute communication commerciale entre les Briançonnais et les habitants des vallées cédées, qui iront chercher en Piémont les marchandises qu'ils avaient coutume de tirer, si abondamment, de France. »

Comme remède à apporter à leurs souffrances, les suppliants demandaient six choses :

1º Construction de casernes pour les soldats et de pavillons pour les officiers, aux frais de l'Etat qui, en attendant, ferait les frais du logement de l'état-major, des ingénieurs et des commissaires de l'artillerie ; payerait l'entretien des casernes, le loyer des magasins militaires et l'escorte des postillons ;

2º Diminution de la moitié de leurs feux ;

3º Augmentation de juridiction pour les officiers de justice, avocats et procureurs, par la réunion à leur bailliage d'une Election, dans l'étendue qui sera fixée pour la recette des tailles ;

4º Franchise de quinze jours, pendant les deux foires de Briançon, du 11 juin et du 9 septembre.

5º Application des 2,400 livres dont le fonds était pris sur le domaine, en Dauphiné, pour entretenir huit curés dans la valllée de Pragelas et qui sont payées, depuis la cession, par le duc de Savoie, de la manière suivante : la moitié pour une augmentation de prêtres dans la paroisse de Briançon, pour former une collégiale, et l'autre moitié pour des maîtres qui enseigneront la jeunesse ;

6º Des secours pour le rétablissement des communautés incendiées.

Enfin, ils terminaient par la demande suivante :

« Feu M. le cardinal Mazarin avait établi, au collège

des Quatre Nations, une bourse pour quatre étudiants de Pignerol, en considération que cette ville
était la première place de la frontière ; la ville de
Briançon l'étant présentement, elle supplie très respectueusement Sa Majesté de lui accorder le même
droit à cette bourse, pour quatre enfants de famille,
vivant bourgeoisement. »

Ce mémoire, appuyé de l'avis favorable de M. d'Angervilliers, fut présenté par MM. de Challiol et Roux
La Croix, députés à cet effet, qui en laissèrent la sollicitation à M. l'abbé Morand, agent ordinaire du
Briançonnais, à Paris. Il produisit des effets dépassant toutes les espérances des Briançonnais : par arrêt du Conseil, le Roi leur accorda « la reprise de la
moitié de la taille et de la capitation de l'année 1713,
et réduisit leurs feux et la capitation de moitié, pour
l'avenir ». Plus tard, ils furent déchargés de « l'entretien de l'estafette et des casernes » et obtinrent
une diminution de 10 livres sur le prix de chaque
minot de sel.

Ces faveurs apportèrent quelque soulagement à leur
misère ; ils en furent redevables à la haute protection
de M. d'Angervilliers, intendant du Dauphiné, qui,
en reconnaissance des peines et des privations qu'ils
s'étaient imposées, pendant la guerre, notamment en
1709, pour la subsistance de l'armée, ne laissa
échapper aucune occasion de leur faire du bien (1).

---

(1) Voyez ma notice sur M. d'Angervilliers, publiée
dans *Le Dauphiné*, n° 10, 17 décembre 1882, et réunie
en brochure (*Bibliothèque historique du Dauphiné*).

LIBRAIRIE XAVIER DREVET
14, rue Lafayette, 14, à Grenoble.
SUCCURSALE A URIAGE-LES-BAINS
Bureaux du Journal LE DAUPHINÉ

BIBLIOTHÈQUE DU TOURISTE EN DAUPHINÉ.

www.ingramcontent.com/pod-product-compliance
Lightning Source LLC
Chambersburg PA
CBHW052124090426
42741CB00009B/1941